JN440489

처음처럼 새롭게
마지막처럼 간절하게

세상 속 우리들의 교회 이야기

기독교대한감리회 동부연회 농·어·광산촌선교위원회

신앙과지성사

처음처럼 새롭게 마지막처럼 간절하게

세상 속 우리들의 교회 이야기

엮은이 기독교대한감리회 동부연회 농·어·광산촌선교위원회
편 집 김대경 박순웅 장석근 정현범 한주희
펴낸이 최병천

펴낸날 2022년 2월 20일(초판1쇄)

펴낸곳 신앙과지성사
출판등록 제9-136 (88. 1. 13)
주소 | 서울시 서대문구 연희로 177 옥산빌딩 2층
전화 | 335-6579·323-9867·(F) 323-9866
E-mail | miral87@hanmail.net
홈페이지 | http://www.miral.co.kr

ISBN 978-89-6907-274-0 03230

값 15,000원

격려사

우리가 주님께서 초대하시는 말씀을 듣게 하소서

양명환 감독 (동부연회)

어떤 영적인 스승께서 '성직자의 유일한 원천이며 본보기인 예수님을 응시'할 것을 가르쳐 주셨습니다. 이것은 '주님이 부르시는 음성' 앞에 겸손히 섬기고 봉사할 것을 밝혀 준 말씀이라 여겨집니다. 그러므로 교회 공동체의 지도자들은 '참된 섬김'을 위해 계속해서 간구해야 합니다.

동부연회는 698교회, 9만 5천여 명의 성도가 믿음의 공동체를 이루고 복음 안에서 사랑으로 헌신하고 있습니다. '변화와 섬김으로 부흥하는 동부연회'를 위해 기도하며 감독의 직무를 낮은 마음으로 감당하고 있습니다. 주님 말씀 듣기를 간구하는 마음으로 연회 가족들을 찾아가 듣고 소통하는 '경청'의 자세를 잊지 않고자 합니다.

동부연회는 농촌, 어촌, 광산촌 등에 자그마한 교회들이 광범위하게 펼쳐져 지역을 섬기고 있습니다. 또한 고령화된 어르신들이 교회의 많은 부분을 감당하고 계십니다. 새 성도를 위한 전도의 길은 상당히 어려운 일이 되었습니다. 그래서 교회와 교회의 지도자들이 어떠한 영적 지침을 준비해야 할까를 기도하며 연회의 행정을 집중하고 있습니다. 동부연회는 '농어광산촌선교위원회'를 조직하고, 특별한 예산을 편성하여 선교적 활동을 해왔습니다. 이 일에 연회원들은 기쁜 마음으로 응답하여 주었습니다. 23개의 지방회는 개체 지방의 특성대로 농어광산촌 및 환경을 위한 특별선교위원회를 구성하여 활동하는데, 춘천북지방, 평창지방, 홍천동지방 등이 귀한 모범이 됩니다. 또한 감리회 총회도 '농촌선교훈련원' 활동을 지속해 왔습니다.

특별히 금 번에 농어촌광산촌선교위원회가 펴내는 책을 통하여 이 시대에 섬기는 교회, 주님의 부르심 앞에 응답하는 교회의 진솔하고 절실하며 꾸밈없이 충성을 다하는 모습이란 어떠한 것인가를 깨닫게 되었습니다.

사랑하는 귀한 동역자요, 주님께서 붙들어 주실 것을 확신하고 동행하시는 주님의 은혜를 따라 생명을 다하는 농어광산촌 교회의 목회자들에게 다함없는 애정과 응원을 보냅니다. 찾는 이가 없는 '좁은

길', 그 협착한 길을 가는 종들을 주님께서 위로하실 것을 믿습니다. 그 첫 떨림, 감사, 고뇌, 기쁨, 눈물, 상처의 쓰라림, 먹먹함, 외로움, 거룩한 찬양, 허점과 실수, 기도, 그리고 열매들. "내게 오는 자는 내가 결코 좇아내지 아니하리라"(요한복음 6:37). 우리 주님께서 말씀하신 것처럼 불쌍한 우리들을 기쁨으로 받아 주시기를 기도합니다.

지금 우리가 눈으로 보게 되는 이 책은, 동부연회의 열한 분 목회자들의 신앙고백이며, '주님의 부르시는 음성'에 응답하여 목회한 이야기입니다. 이 기록이 장차 동부연회를 넘어 감리회 그리고 우주적 교회의 생명이 풍성하게 넘치는 하나님 나라의 복음 이야기로 읽혀지는 은혜의 날이 오기를 참말로 고대합니다. 감사합니다.

발간사

"처음처럼 새롭게 마지막처럼 간절하게"를 열면서

장석근 목사(동부연회 농어광산촌선교위원회 위원장)

" '어떡하지?' 라고 말하지 않는 자는 나도 어떻게 할 수가 없다"

– 〈논어〉 "위령공"

"어떻게? 어떻게 해요?"

충주제일교회(소화춘) 교육전도사로 일할 때다. 교회 사무실로 걸려 온 눈물의 전화 한 통화, 교통사고 소식이다. 담임목사님과 부목사님이 계시지 않은 상황이라 교육전도사 둘이 병원을 찾았다. 이미 숨을 거두어 장례예식장에 모셨다. 택시 운전하시던 남편이 돌아가시고 어린아이 셋과 부인이 홀로 울고 계셨다. 영정도 채 갖추지 못한 곳에 전도사 둘은 조용히 기도를 올리며, 속으로 되물었다.

"어떻게? 어떻게 해요?"

"무슨 말로 위로를 해야 해요?"

기도가 끝나고서 둘은 어떤 위로의 말도 드리지 못하고 무릎을 꿇고 앉은 채 반 시간쯤 흘렀을까? 이웃집 할머니 한 분이 들어오시더니 우는 자매님을 안아주고 등을 쓰다듬으며 "아이고 아이고 어쩌나~" 이런저런 말씀을 혼잣말처럼 중얼거리셨다.

그 이듬해 경운기 하나 겨우 다닐 정도의 숲길이 난 작은 마을의 교회 담임자가 되었다. 하늘에서 비가 내려야만 농사지을 수 있는 마을이다. 그리고 모내기도 모두 모여 손으로 심었다. 모든 게 처음 만나는 것이다. 농촌, 농부들 속에서 목회하는 것도 처음이다.

"농사(農事), 농부(農夫), 농촌(農村)목회"

"농(農)은 별 진(辰)위에 노래 곡(曲)자가 올라가 있다. 辰이라는 글자는 우주, 곧 창조세계, 그 위에 曲은 창조세계의 운동이요, 흐름(rhythm)이다. 농부(農夫)는 천지만물의 운행원리에 따라 사는 사람들이다"(農의 신학, 이영재). 농사(農事)의 농(農)은 4계절 시간 속에서 촌(村)이라는 마을공간을 통해서 이뤄진다. 농사나 농촌 목회는 처음이어서 새롭긴 하지만 "어떻게? 어떡해요?"를 입에 달고 살았다. 지금도 그렇다.

1980년 중반을 넘어서면서 농촌에서 목회하던 선배들(허원배, 김영주, 현재호)이 주축이 되어 감리교농촌목회자협의회가 만들어지고, 어간에 고추농사 짓는 이들을 대신하여 친구(장석재)가 감옥에 가면서 농촌지역 목회자들이 조직화 되어 정부와 대여투쟁으로 나갔다. 그러는 가운데서도 농촌의 농부들은 거름을 내고 논밭을 갈아 씨앗을 심고, 곡식은 자라 꽃을 피우고 열매를 맺는다. 누군가 감옥에 가고 죽고 하는 가운데서도 꽃은 피고, 철새들은 날아오는…, 농촌과 자연은 그런 곳이다. 촌은 변화가 더디어 밋밋하면서도 새로운 계절에 꽃과 나비, 철새들이 날아드니 또 새롭기도 하다.

그러나 발달하는 과학에 따른 산업문명에 밀려 농촌은 변방이 되었다. 아무도 관심하지 않는 농촌, 누구도 선뜻 자원하지 않는 미자립 농촌, 어촌, 광산촌교회, 여기에 묵묵히 자리를 지키는 이들을 관심한 동부연회 "농어광산촌선교위원회"에서 한 송이 이름 없는 들꽃처럼 있는 자리에서 꽃을 피우는 목회자들을 보게 되었다. 여러 차례 위원회 모임 끝에 한 권의 책이 만들어지게 되었다.

여기 각자 부름(calling) 받은 농촌, 어촌, 광산촌에서 스스로 질문하고, 그리고 서로 물어가며(havruta 유대인 전통 학습법), 지금도 자신과 지역에 어울리는 삶을 살고자 몸부림치는, 특별하고도 다양한 현장에서 목회하는 11명의 생활목회 이야기를 모았다.

1. 왜 예수님처럼 살지 못할까?
   "자기를 목회하라"라는 영성으로 (강릉 금산)김종주
2. 하나님이 원하시는 농촌 목회란?
   농촌 어르신들에게 귀 기울이는 (홍천 동면)박순웅
3. "야 인마, 너 지금 아니면 거기서 평생 못 나와?"
   소농(小農) 문명공동체에서 하나님 나라를 꿈꾸는 (화천 부촌)박세광
4. 방충망 갈아 드릴까요?
   새시(창틀)회사에서 배운 기술을 나누는 (평창 수항)김성준
5. 교회는 무엇하는 곳인가?
   디아코니아 생활 공동체를 이루는 (화천 시골)이동규
6. 예수님은 왜 "하늘 나는 새를 보라" 하셨을까?
   새처럼 살아보려 애쓰는 (고성 오봉)장석근
7. 38선과 전쟁, 휴전을 거지는 역사 속에서도 열매는 있을까?

100주년 기념사업으로 교우들과 머리 맞대는 (철원 장흥)한찬희

8. 카지노 동네에 부활하신 예수님이 오신다면?

"만메추다솜밥상" 차리는 유도관장 (정선 사북)김대경

9. 나 하나 꽃 피어 풀밭이 달라지겠느냐?

꽃밭 같은 공동체를 일구는 (동해 초록)하수광

10. 피난길에서 먹었던 묵 맛 같은 하나님 나라 맛볼 수 있을까?

아름드리 참나무 숲을 그리며 도토리 한 알 심는 (춘천 연지리)박용한

11. "그는 흥하고, 나는 쇠하리라"는 말씀을 받들 나는 깜냥이 되는가?

"주여, 이 죄인을 불쌍히 여기소서." 엎디어 땅을 파는 (춘천 사북)한주희(한울빛)

하나님 앞에서 묻고 또 물으며 여기까지 온 이들의 삶이다. 누구보다도 학교를 마치고 부름 받아 나서는 이들에게 귀한 길잡이가 되길 바란다. 앞으로 코로나19와 변화하는 21세기에 알맞은 더 많은 목회자들의 이야기가 이어졌으면 좋겠다.

끝으로 처음에 농·어·광산촌의 목회자 30여 명에게 의뢰하였으나 11분의 원고가 모아졌고, 이 거칠고 투박한 원고를 꼼꼼히 자비의 눈으로 논찬해 주신 교수님(이정배, 유성준, 조은하), 출판할 수 있도록 물심양면으로 애써주신 동부연회 여러 교회들, 용기 내어 시작할 수 있

도록 격려하고 지지해주신 양명환 감독님과 홍성천 총무님, 출판해 주신 신앙과지성사(최병천) 가족 여러분, 그리고 글로 함께 한 11분과 농어광산촌 위원들 모두에게,

"고맙습니다."

차례

내 영성목회는

기성목회의 한계상황에 부딪힌 고민으로부터 시작하였다.

그렇다 하더라도

적은 지면으로 영성이나 영성목회를 다 담으려는 것은

지나친 욕심이라고 본다. 또 교인들을 넘어

지역사회에 적용하는 부분에 대해서도 아직 연구 대상이다.

그러나 이곳에서의 목회 8년이 지나고 있는 지금,

교인들의 모습 속에서

작지만 서서히 변화가 진행되고 있음을 느낀다.

금산교회 영성목회 이야기

김종주 목사(강릉 금산교회)

들어가면서

나는 부천에 살면서 대학을 마치고 직장생활을 하던 중 내면의 강한 이끌림과 함께 신학을 하게 되었다. 그 후 결혼을 하고 아내와 100일도 채 안 된 첫아이를 데리고 1998년 휴전선 바로 아래 경기도 연천 작은 농촌마을에 교회를 개척하게 되었다.

변변한 교회 건물도 없이 창고를 털어 만든 8평 남짓 예배당에서 목회가 시작되었다. 젊은 기백에 정해진 선교 후원처도 없이 "사람에게 손을 내밀지 않는다, 주시지 않으면 굶겠다!"는 원칙을 세우고 아무에게도 도움을 청하지 않았다. 오늘날 목회현장에 팽배하여 하나님

금산교회 모습

자리를 대신하고 있는 혈연과 지연, 그리고 학연 등의 힘이 아닌, 오직 하늘의 은혜에만 의지하여 하나님에 의해 교회가 세워지는 것을 바라며 버텼다.

마음속으로는 교회건축이 아니라 나 자신을 '살아있는 성전'으로 건축하는 것이 더 시급하다고 생각했다. 아내의 고생이 심했다. 그러나 필요할 때마다 엘리야의 까마귀처럼 먹을 것과 입을 것이 공급되었다. 그렇게 객지에서 땅 한 평 없이 어린 세 딸과 함께 10년을 버티다가 지칠 즈음, 지성이면 감천이라 땅 310평을 구입하게 되었고 마을 주민들이 질투할 정도로 반듯한 예배당을 봉헌하는 기적을 체험했다.

개척 11년 되던 해에 교인 20여 명을 뒤로하고 2009년 인천 서해바다 섬에 있는 한국선교역사 100년을 자랑하는 늙고 허름한 작은 교회로 옮기면서 4년을 목회하며 예배당을 또 건축할 수밖에 없게 되었다. 부임 전 교인들이 10년 동안 헌금한 일천만 원 남짓한 건축비로 큰 대출 없이 모든 자재를 배로 실어 날라야 하는 섬에서 3억의 공사를 하다 보니 심신은 지칠 대로 지쳤고 영성은 바닥을 치고 있었다.

내가 본격적으로 종교성과 영성을 구분하여 생각하고 심각하게 문제를 제기하기 시작한 것은 이때부터인 듯하다. 그 이전 평신도 시절이나 신학을 공부하면서도 영성에 대해서는 다소 접해 보기는 하였어도 그때에는 적어도 심각하게 고민해 본 적은 없는 것 같다. 그런데 왜 그런 고민을 했을까? 그것은 선교 100년이 넘는 역사를 가진 교회에서의 목회를 직접 겪으면서 기독교인들의 '신앙과 삶의 분리'에서 오는 괴리감이었다. 더 본질적으로는 '존재와 신앙의 분리'이며 이것이 삶으로 이어진다.

신앙은 하나님과 예수님을 우상화하기 쉬운 종교성에 급급한 나머지 인간존재의 내면 깊숙한 곳, 내면의 지성소(고린도전서 3:16)로 들어가지 못하게 하고 있다. 이것은 선교역사 100년을 훨씬 넘은 늙은 한국교회가 니케아 신앙[1]과 사영리(四靈理), 천당신앙이 묘하게 결합된 결과로 나타난 것으로 "예수는 믿지만, 예수처럼 살기는 싫다!"는 모순된 기현상인 것으로 보인다. 믿고 자동적으로 모든 죄가 용서

1 니케아 신조는 예수는 인간과는 달리 하나님과 동등한 분이지만 인간은 전적으로 타락한 죄인이라고 믿어 예수처럼 살기를 처음부터 체념하게 한다.

된 마당에 예수를 살 필요도 없다. 행함으로 구원을 얻으려는 율법적인 신앙이기 때문에 예수처럼 살려고 해서도 안 된다. 그러나 결국 기독교인들이 예수의 삶을 구현하지 못하는 근본적인 이유는 "예수는 믿고 구원과 축복은 원하되, 모든 것을 버린 예수로 살고 싶지 않기 때문"이라 생각한다. 그러나 정말 구원과 축복, 예수처럼 사는 것이 별개의 문제일까? 그리고 예수님은 무엇을 버렸을까?

거듭남 즉 구원이란, 요한복음 3장 5절에서 예수님이 "사람이 물과 성령으로 나지 아니하면 하나님의 나라에 들어갈 수 없느니라"에 나타난 바와 같이 회개와 성령의 세례로 정결케 되는 영적인 출생을 통해 그리스도의 마음을 얻고 하나님나라에 참여하는 것이다(마태복음 4:17). 여기서 하나님 나라란 가시적으로 보이는 물존적[2]인 것을 뜻하기 보다는 비가시적인 어떤 상태를 의미한다. 따라서 거듭남이란 인간존재의 내면의 천국의 상태로 바울이 빌립보서 2장 5절에서 "너희 안에 이 마음을 품으라 곧 그리스도 예수의 마음이니"라고 간파했듯 그리스도의 마음, 즉 영성을 자각하고 내면에 실현하는 것이다. 그리고 이것은 바울이 에베소서 4장 13절에서 "우리가 다 하나님의 아들을 믿는 것과 아는 일에 하나가 되어 온전한 사람을 이루어 그리스도의 장성한 분량이 충만한 데까지 이르리니"에서 나타난 바와 같이 점진적인 영적 성장의 과정이다. 요한 웨슬리에게서는 성화의 과정으로

2 물존(物存)이란 인간이 존재하고 있는 삶의 방식에 있어서 물질적인 추구와 그 추구로 인해 자기 자신을 물질화하는 것을 말한다. 인간의 일상성의 반복은 물질적인 풍요로움, 사회적인 지위나 권력, 개인적인 건강 및 안락함의 추구를 목표로 한다. 이러한 삶은 주어져 있는 현실일 뿐 우리 존재의 근원이나 존재 이유에 대한 해답이 아니다. 황현숙의 책, 『존중』(황소와소나무, 2018) p. 18참조.

나타난다.

인간은 자신을 포함하여 창조세계를 타락한 세상으로 바꾸었지만, 이제 하나님께서는 이 타락한 인간과 세상을 다시 새로운 창조세계로 전환하는 새 일을 행하고자 하신다. 이것이 바로 '새로운 인간'과 '새로운 세계'를 만드시는 하나님의 구원 역사이다. 그리하여 성서는 우리들을 향하여 상실된 하나님과의 관계를 다시 회복하여 '하나님의 형상을 가진 새 인간'(고린도후서 5:17; 골로새서 3:9~10)이 되어 사랑과 평화가 실현된 '새 세상'(로마서 14:17)을 이룩하라고 요청하고 있다. 여기서 앞서는 것은 존재의 차원인 '새로운 인간'이고 그다음에 반드시 따르는 것이 삶의 차원인 '새로운 세상'이다. 존재의 차원의 어떤 임계치가 다 차오르면, 그리스도의 장성한 분량이 채워지면 삶의 차원으로 새 삶과 새로운 세상이 드러나게 된다.

그러므로 나는 신앙과 삶의 분리에서 가장 근본적인 문제가 되는 것을 '존재의 차원, 또는 내면의 차원'으로 초점을 맞추게 되었고, 2013년 인천에서 강릉으로 목회지를 옮기면서 이것을 앞으로 내 목회가 나아갈 방향으로 설정했다. 그래서 우리교회의 표어를 "자기를 목회하라!"고 했다.

왜 예수처럼 살지 못할까? 예수처럼 사는 것에 앞서 그리스도 예수의 마음을 내면화(內面化) 하지 못했기 때문이다. 나는 이것을 영성형성(Spiritual Formation)의 핵심이라고 보며 따라서 현재 이루어지고 있는 우리 교회목회를 '영성목회'라 칭하고 이것을 소개하고자 한다.

종교개혁의 핵심이 되는 루터신학은 믿음을 강조하므로 존재와 행위가 분리된 것처럼 현재 되어버렸지만, 실상은 이처럼 아주 긴밀하게 연결되어 있다. 하나님의 형상으로 창조된 인간이기에 이것을 다시 회복함으로 세상에서 하나님의 대리자 역할을 하는 것이다.

그리스도 예수의 마음을 내면화하라

이제 남은 것은 기독교인들이 어떻게 '그리스도 예수의 마음을 내면화'(Spiritual Formation) 할 수 있는가이다. 지금 이루어지고 있는 우리 교회의 목회에서는 크게 볼 때 두 가지 차원에서 접근한다. 이는 예수님이 공생에를 시작할 때 마태복음 4장 17절 "이때부터 예수께서 비로소 전파하여 이르시되 회개하라 천국이 가까이 왔느니라 하시더라"에 나타나 있다.

첫째는, 거듭나 새로운 피조물이 되기 이전의 내면의 상태인 '에고의식, 또는 자아의 부정성'을 정화(회개)하는 것이다. 회개라는 말보다는 정화(淨化)라는 말을 쓴 것은 현대인의 의식구조에서 보다 더 잘 이해가 쉽기 때문이다. 기존의 가르침은 종교성을 염두에 두고 외부적, 행위적으로 접근했으나 정화는 영성적인 측면에서 내면적인 작업을 말한다.

행위적으로 드러난 죄악보다는 그 근원이 되는 인간 내면의 그릇되고 거짓된 모든 것들과 모든 두려움과 불완전한 감정들을 정화하는 것이다. 요즘 흔히 양자물리학의 에너지 차원에서 말하는 불완전한 에너지장이기도 하다. 예수님이 말한 들보(마태복음 7:5), 즉 인간존재의 내면에 진정한 자신이 아닌 중간에 끼어 들어온 불순물들을 씻어내는 작업이고 바울이 말한 내가 아니요, 내 속에 거하는 죄(로마서 7:17)이다.

다음으로는, 예수님이 우리 각자에게 선물로 나누어 주신 '그리스도 예수의 마음인 보혜사 성령'을 개인적으로 내면화, 또는 의식화하는 것이다. 가까이 온 천국은 바로 우리 내면에 있는 하나님 나라를 뜻한다(누가복음 17:20~21; 고린도전서 3:16). 자기 존재 내면의식의 모든 불완전한 것들을 완전히 버리고 자신의 신성한 성품을 전적으로 수용하는 내면화 과정으로 자신의 바른 정체성을 회복하는 것이다.

모든 영혼이 점차 성장하여 영적인 진리를 향해 직접 내면의 길, 성화의 길을 걸음으로써 그리스도의 장성한 분량인 그리스도의 마음과 의식(consciousness)이 성취될 수 있다고 본다. 베드로는 이렇게 말한다. "이로써 그 보배롭고 지극히 큰 약속을 우리에게 주사 이 약속으로 말미암아 너희가 정욕 때문에 세상에서 썩어질 것을 피하여 신성한 성품에 참여하는 자가 되게 하려 하셨느니라"(베드로후서 1:4). 따라서 전자가 이루어지지 않는 한 후자는 요원할 수밖에 없다고 본다.

예배 속에서 : 부록 자료 참조

여기에서는 실제 우리 교회 예배에서 이루어지고 있는 자체적으로 특별히 고안한 영성목회를 소개하고자 한다.

주보 1면에서, 금산교회의 예배순서를 안내하고 있는데 영성목회에 그다지 필요하지 않다고 생각되는 순서는 과감하게 걸러 냈다. 이것은 예배자의 주의 분산을 방지하기 위한 것이다. 예를 들어, 자기를 의식하게 하거나 남을 의식하게 하는 특송이나 대표기도 등이 그런 것이다. 그렇게 함으로써 교인들의 주의(intention)를 외부로부터 거두어들이고 최대한 자신의 내면으로 향하여 집중(attention)하게 하는 것이다.

그리고 영성형성을 위한 생활 수행(Living practice)의 측면에서 주보 1면 하단에 주일 말씀 본문의 핵심 구절을 제시하고 선포된 메시지를 자신의 확언으로 작성하여 한 주간 생활 속에서 매일 확언으로 기원하고 연습하여 자기를 목회하게 한다.

주보의 2면과 3면에서, 예배 중 말씀을 선포하기 직전에, 앞서 말한 내면의 정화와 성화를 통해 그리스도의 마음을 내면화하기 위한 확언을 주보나 영상을 보고 전교인이 기원하여 선언(선포)한다. 이것을 '성화확언기원문'이라 하였고 이 순서를 통하여 예배자의 내면에 영성형성을 꾀하는 것이다.

성화확언기원 전과 후에 잠시 고요하게 앉아서 눈을 감고 하나님의 현존을 의식하면서 온 가슴으로 하나님을 사랑하며 10~15번의 심호흡을 하게 하였다. 이것은 현재 지구상에 자체적으로 창조한 지옥과 같은 곳으로 우리를 끌어내리고 있는 대중의식으로부터 예배자의 내면을 보호하게 하는 매우 중요한 순서이다. 이렇게 함으로써 그 자체의 효과도 있지만 성화확언기원의 극대화를 꾀하는 것이다.

이 성화확언기원을 가정이나 삶의 현장에서 조석으로 할 수 있도록 주보 3면 하단에 '매일 경건성화훈련 자기목회 체크표'를 첨부하였다. 이것은 영의 몸(고린도전서 15:44)을 입은 영적 인간이 되기 위한 영성형성의 과정은 점진적으로 이루어지는 것이고 따라서 하루도 쉬

기도를 부르는 강단

면 안 되기 때문에 일상에서 이루어지는 수행의 관점에서 자기를 스스로 목회하도록 넣은 것이다.

주보의 성화확언기원의 내용은 매 주일 바뀌며 첨부한 부록은 하나의 예시이다. 그리고 우리교회 전교인은 주보에 체크한 것을 '생활로 드리는 봉헌 예물로 정하고 생활의 십일조'라 하여 매주일 예배 때 헌금과 함께 자신의 주보를 봉헌하고 있다.

나오면서

내 영성목회는 기성목회의 한계상황에 부딪힌 고민으로부터 시작하였다. 그렇다 하더라도 적은 지면으로 영성이나 영성목회를 다

담으려는 것은 지나친 욕심이라고 본다. 또 교인들을 넘어 지역사회에 적용하는 부분에 대해서도 아직 연구 대상이다.

그러나 이곳에서의 목회 8년이 지나고 있는 지금, 교인들의 모습 속에서 작지만 서서히 변화가 진행되고 있음을 느낀다. 아내의 말로는 강릉에 와서 처음 교인들을 대면했을 때보다 차이를 느낄 정도라고 했다. 비록 작더라도 변화가 더디더라도 자기 내면의 촛불을 켜서 말 아래에 두지 아니하고 등경 위에 두고 밝혀가며 그리스도의 신부로 단장하는 아름다운 모습이 아닌가 한다.

2000년을 전후로 우주와 세계는 본질을 향해 그 반환점을 돌아가고 있으며 종교에서 영성으로 전환되고 있고, 종교의 근본 목적이 종교만의 고유한 면인 영성을 자각하고 실현하는 것이듯 영성목회는 이

함께한 교우들

것과 연결된다. 왜냐하면 종교는 오감을 통해 외부세계에 관여하고 사고하는 이성과 감정을 기반으로 한 인성이나 인격의 차원과는 다른 '영성 혹은 신성' 이라는 또 하나의 본질적인 성품이 인간에게 있다고 보기 때문이다. 미약하나마 졸필이 영성목회에 희망을 품은 목회자들에게 작은 마중물이 되기를 바란다.

이용도 목사는 전도나 기도도 자신의 본업이 아니요, 신앙을 자신의 본업이라고 했다. 내가 동료 목회자들에게 가끔 하는 말이 있다. 그것은 나에게 있어서 교인을 상대로 하는 목회는 부업이고 나 자신을 상대로 하는 목회가 본업이라는 것이다. 이 말은 "너는 네 눈 속에 있는 들보를 보지 못하면서 어찌하여 형제에게 말하기를 형제여 나로 네 눈 속에 있는 티를 빼게 하라 할 수 있느냐 외식하는 자여 먼저 네 눈 속에서 들보를 빼라 그 후에야 네가 밝히 보고 형제의 눈 속에 있는 티를 빼리라"는 누가복음 6장 42절의 예수님의 영성을 나 자신에게 엄격하게 적용하려는 내 노력이다.

사람들은 부업보다는 본업 때문에 살아간다. 우리 목회자들도 이제는, 자신이 아닌 타인을 목회하는 것과 더불어 먼저 자기 자신을 쳐서 자신을 목회하고 동시에 교인들 스스로가 자기를 목회할 수 있도록 돕는 본업, 즉 영성목회에 먼저 목회의 포커스를 맞추어야 하지 않을까! 이것이 코로나 이후 급속하게 디지털화되는 세상에서 코로나와 함께 일상이 이루어질 수밖에 없는 위드 코로나 시대에 컴퓨터와 모바일에 의존하는 교회가 오히려 그것들을 개인적으로 일상에서 자기를 목회하는데 잘 활용하여 살아남고, 더 나아가 그리스도와 더불어 천년 동안 왕 노릇 할 수 있도록 안내하는 가장 시급한 사역, 좁고 협착한 길이라고 생각한다.

모쪼록 존재와 신앙과 삶의 지나친 양극화로 인한 교회 소외를 막고 길을 잃어가는 복음을 살려내어 교회를 바르게 세우려는 목회의 새로운 도전과 시도에 많은 목회자가 동참할 수 있기를 바란다.

김종주 목사는 평범한 직장인의 삶을 뒤로하고 최북단 휴전선 아래 연천에서 이 땅에서보다 더 나은 삶과 천상의 영원한 삶을 위하여 생명체적이고 생태적인 공동체를 꿈꾸며 교회를 개척하고 목회를 시작했다. 인천 서해바다를 거쳐 지금은 강릉 동해바다를 바라보며 곧 다가올 황금시대를 앞에 두고 금산교회에서 초롱초롱 빛나는 교인들과 영성목회를 경험하며, 아내와 세 딸과 함께 살고 있다.

부록 1

제41권 34호(창립 1980.11.30.) **주후 2021.9.12**

백로白露☀**추분**秋分 성령강림절기

깨어나, **자기를 목회하는 교회! 가능**

☼ 주일낮 11시 예배 ☼	
예배로의부름과 임재찬송	**예물봉헌** 이여범 집사
여기오소서 내주여(3) 오 주여 오소서!	영감의찬양과회개기도
예배의기원과 경배찬양	호흡묵상 · 정화와성화확인기원
집례자: *거룩하신 하나님께 돌아옵니다!*	**말씀봉독과 목회기도**
예배자: *예수님의 가르침에 돌아옵니다!*	**말씀[야고보서 4:13-17/신 374쪽]**
다함께: *우리 몸 통하여 주님의 뜻 이루소서!*	신기루 같은 삶에서 벗어나려면!
평안의 인사와 알림	**축도** · 결단의 통성기도

◈ 이번 주에 나를 인도해 주시는 말씀 ◈

진실로 너희에게 이르노니
무엇이든지 너희가 땅에서 매면 하늘에서도 매일 것이요
무엇이든지 땅에서 풀면 하늘에서도 풀리리라(마18:18)

(약 4:13) 들으라 너희 중에 말하기를
오늘이나 내일이나 우리가 어떤 도시에 가서 거기서 일 년을 머물며
장사하여 이익을 보리라 하는 자들아
(약 4:14) 내일 일_사람의계획,희망**을 너희가 알지 못하는도다**
너희 생명_몸**이 무엇이냐 너희는 잠깐 보이다가 없어지는 안개**_신기루**니라**
(시 42:5) 내 영혼아 네가 어찌하여 낙망하며
어찌하여 내 속에서 불안하여 하는고 너는 하나님을 바라라
그 얼굴의 도우심을 인하여 내가 오히려 찬송하리로다

☼ 이번 주에 주신 거지씨 한 알 선행 심기 ☼

신기루를 쫓는 것 같은 삶에서 벗어나기 위하여!

나는 [ ] 하겠다!

기 독 교
대한감리회

25449 강릉시 성산면 금산안길 60번 목사관☎033)644-8668

거지씨 한 알 **말씀의 기적** ☞ **성화확언기원문 : 창조하는 의식**(영적의식)

시작하기 전에!
고요하게 앉아서 눈을 감고 하나님의 현존을 의식하면서
온 가슴으로 하나님을 사랑하며 10-15번의 심호흡을 합니다!

매일 아래의 말씀을 마음으로 믿고 입으로 확언하여 선포하세요!

☼ 그릇된 마음_자의식,에고 을 정화하고
그리스도 마음의 에너지를 끌어당기는 **확언기원수행 봉헌** ☼

<첫째단계: 마음의 부정성(생각과 감정)을 뽑아내 정화하기>

오호라 나는 곤고한 사람이로다 이 사망의 몸에서 누가 나를 건져내랴(롬7:24)
예수께서 비로소 전파하여 이르시되 회개하라 천국이 가까이 왔느니라 하시더라(마 4:17)

① 선언하여 선포하기
☀나는 나로 여겨지는 자아의 부정성을 내려놓는다!☀

② 천천히 소리내서 읽기
비판, 빈정거림, 심판, 배척, 모욕, 적의, 불관용, 증오, 질투, 공격,
파괴적 충동, 도둑질, 거짓, 속임수, 모함,, 두려움, 미움, 원망, 근심, 우울

③ 가슴에 올려놓고, 아버지 하나님께 가져가기
눈을 감고 무조건적인 사랑이신 하나님 아버지께 가 닿는다.
충분한 시간을 두고, 마음을 고요히 가라앉힌다.

④ 분명한 의사를 표현하기
나는 더 이상 나로 여겨지는 부정적인 생각과 감정이
내 '의식' 속에 남아있지 않기를 원한다!!!

⑤ 열정을 가지고 기도하기
아버지하나님!
즉각적으로 도와주실 줄 믿고 완전한 믿음으로 기도합니다!
앞으로의 나날에, 나로 여겨지는 그릇되고 불필요한 이기적 자아의 배척
욕구를 정화하고 해소하여 극복하게 하옵소서!!! 아버지여! 오늘로부터
'이것'을 피하고 부정하려는 제 모든 노력에 영감과 힘을 주시옵소서!

부록 3

<둘째단계: 신성한 실체인 예수 그리스도의 생명 흡수하기>

우리 모두는 하나님의 아들 예수 그리스도를 믿는 일과 아는 일에 하나가 되고,
나아가 더욱 온전한 모습으로 성숙해져서,
마침내 그리스도의 충만하심의 경지에까지 이르게 됩니다.(엡 4:13)

① 선언하여 선포하기
나 ( )는 나의 근원인
☀그리스도의 황금과 같은 신성한 품성을 회복하겠다!☀

② 나의 황금빛 열망을 마음속에 떠 올리기
권능, 지혜, 사랑, 순수, 진리, 평화, 자유, 영성, 신성, 영감,
생명, 빛, 창조, 희망, 기쁨, 조화, 환희, 충만, 평안, 절대신뢰,
성장, 양육, 치유, 보호, 요구의 충족, 섭리, 생존, 리듬, 법칙과질서

③ 가슴에 올려놓고, 아버지 하나님께 감사하기
눈을 감고 그리스도 안에 거하면서,
내 안의 황금빛 열망을 느끼며 경탄한다!

④ 열정을 가지고 마음에 그리며 기도하기
아버지하나님!
그리스도의 황금과 같은 품성이 마음과 가슴을 통해 점차 퍼져서
제 의식이 되게 하옵소서! 그리스도의 신성한 생명이 제 생명이 되게
하옵소서! 주님이 항상 함께하셔서, 이제부터 저의 진정한 삶이 펼쳐지게 하심을
감사합니다! 충만합니다! 만족합니다!

끝내기 전에!
고요하게 앉아서 눈을 감고 하나님의 현존을 의식하면서
온 가슴으로 하나님을 사랑하며 10-15번의 심호흡을 합니다!

예수 그리스도 이름으로 기도합니다. 아멘!

2021년 9월 1주간 매일 경건성화훈련 자기목회 체크표

	주일5	월6	화7	수8	목9	금10	토11
확언선포							
경건생활	주일성수		60분통성	60분방언새벽	60분방언새벽	60분묵상새벽	60분방언새벽

직접 실시한 것을, 스스로 평가해서 ○ △ ×로 괄호 안에 표시한 후
"주일예배"때 아버지 하나님께 봉헌하시기 바랍니다.

동면교회

교회의 본질은

언제나 마을과 지역,

그리고 그 속에 있는 사람들과 항시 함께해야 한다는 것이다.

전형적인 농촌교회가 산업화를 맞이하여 관행농업으로 치닫고,

이제는 그분들도 세상을 떠나 막막했던 차에

귀농·귀촌인들로 새롭게 재편성된 것이

우리의 농촌 현실이다.

농촌마을을 지향하는 사람 사는 동네, 동면교회 이야기

박순웅 목사(홍천 동면교회)

동면교회는 마을 속의 농촌교회로써 예수 그리스도의 말씀을 배우며 익힌다. 아울러 농촌교회이기에 실천적인 삶으로 생명농업을 우선으로 한다.

생명농업을 통해서 신앙의 유기적인 관계까지 일상에서 펼쳐 나간다.
그리스도의 성체와 보혈이 거룩하듯 하나님의 형상인 사람들에게
안전한 생명의 양식을 나누고 싶다. 생명 양식은 성찬과 다름없기에
언제나 땀 흘리고 애씀에 기꺼이 온전해지고 거룩해져야 한다.
동면교회는 농촌과 도시 교회를 잇는 생명의 그물망 중 하나이다.

어느덧 칠순이 되어 가는 역사의 동면교회를 이야기하다.

동면교회는 1953년 9월 25일에 세워진 교회이다. 2년이 지나면 70년이 된다. 초창기에는 허철영님 댁에서부터 시작했다. 그해에 자녀가 없으신 어르신 교우 한 분이 땅을 기증하여 지금의 교회가 세워졌다. 이 한 분의 영향으로 많은 교역자들이 목회하셨고, 복음이 전해졌다. 이분은 자녀가 없기에 당시 교우들은 이분 친척의 묘를 명절 때마다 금초하였다. 나도 28년 동안 매해마다 교우들과 함께 정성껏 금초를 하고 있다. 교회가 세워지고 그동안 8명의 목회자가 다녀갔다. 대부분 2~3년 정도 목회를 하셨고, 여성이신 한모정 목사님만 16년 정

교회 전경

도 목회하셨다. 현 양명환 감독님도 시무했으며, 지금의 동면교회 터전을 매입했다.

교우들에게 가장 기억에 남는 목회자는 바로 한모정 목사님이었다. 어떤 면에서 기억이 나느냐고 교우들께 여쭈었더니, 한 목사님은 그냥 이웃과 교우들 한분 한분을 가정마다 다니며 이야기 듣고 기도하며 돌본 것, 일상의 삶 속에서 살아간 그것이 가장 기억에 남는다고 한다. 농촌목회는 목회자와 교우가 함께 살아가며 신앙을 생활화하는 것이라 본다. 우리 교회에서 사역하신 목회자들도 그때마다 다양하게 애써왔다. 하지만 여러 이유로 이동을 하게 되었다. 농촌 교우들에게는 이 점이 늘 힘든 일이었다고 한다. 좀 더 오랫동안 같이 살아주며 신앙을 이끄는 영적인 목회자이길 생각했지만 쉽지는 않은 듯했다.

동면교회는 전형적인 농촌교회로써 산으로 둘러싸인 논농사와 밭농사를 병행하는 마을이다. 1994년 부임했을 당시 교우들 역시 농민들이 다수였다. 처음에 친환경농업을 시작할 때 이웃과 교우들은 코웃음을 쳤다. 지금 생각하면 그럴 만도 하다. 대다수가 관행농업이었기에 받아들이기가 쉽지 않았을 것이다. 차츰 시간이 지나면서 몇몇 분들이 호응해주시고, 때마침 이웃에 채소류를 생산하는 유기농업인이 있어서 용기도 나고 힘도 생겼다. 그렇게 17년 정도 재미나게 일했다. 농촌교회와 도시교회 사이의 교류와 체험도 다양하게 했으며, 직거래도 했다. 그러던 어르신들이 하나둘씩 하나님 품으로 돌아가셨다. 8~9년 전부터 친환경농사를 하는 농민과 관행농사를 하는 농민들이 급격하게 줄었다. 친환경농업이 힘겹기 때문이다.

지금은 토박이 농민은 적고 귀농인, 귀촌인이 많은 편이다. 서울

마을 북카페에서 진행된 텃밭콘서트

과 교통망이 좋아지고 고속도로가 생기면서 귀농인이 우리 마을에 많아졌다. 은퇴 후 내려온 귀농인들을 중심으로 지역민들과 함께 마을에 "나의 고향 영귀미 북 카페"도 잘 만들었다. 북 카페는 지역민들이 수시로 만나는 장소가 되었다. 젊은이들에게는 공부하고 토론하는 장소가 되었다. 아이들에게는 놀이터이기도 했다. 한마디로 모두를 위한 쉼터가 된 것이다.

반가운 일은 7년 전부터 젊은 귀농·귀촌인들이 많이 내려오게 된 것이다. 이들은 젊은 학부모들이었고, 학교와 마을을 중심으로 마을교육공동체를 결성했다. 이듬해에 '새끼줄'이라는 협동조합을 만들어서 영귀미면(詠歸美面)인 우리 동네에 맞벌이 부부들을 위한 방과 후 돌봄센터를 위탁받았다. 이 돌봄센터는 홍천군 돌봄센터 1호로 우리 마을 젊은이들로 구성되어 운영하고 있다. 이 외에도 벌써 3년째 젊은

그림으로 그린 홍천군 제1호인 초등학교 돌봄센터

친구들이 생명을 잉태해서 시골 마을에 애 울음소리를 들려주어 기쁘기 그지없다. 초등·중학교가 점점 되살아나고 있는 것도 반가운 일이다. 교회는 마을 속에서 이들과 긴밀하게 서로 함께하고 있다. 소식을 소통하고 적은 물질이지만 후원하며 맘을 모아서 봉사도 한다.

교회의 본질은 언제나 마을과 지역, 그리고 그 속에 있는 사람들과 항시 함께해야 한다는 것이다. 전형적인 농촌교회가 산업화를 맞이하여 관행농업으로 치닫고, 이제는 그분들도 세상을 떠나 막막했던 차에 귀농·귀촌인들로 새롭게 재편성된 것이 우리의 농촌 현실이다.

동면교회는 이런 가운데서도 1994년 이후 28년간 생명, 영성, 공동체에 목회의 초점을 맞추어서 지역의 이웃과 교우들이 함께 신앙생활을 해오고 있다. 친환경농업인 생명농업으로, 교회력에 따른 영성으로, 귀농 귀촌한 사람들과 지역민들과의 교류를 통한 공동체로써 생명, 영성, 공동체를 일구고 있다. 젊은 귀농, 귀촌인들에게는 언제나 마을 일을 우선으로 하게 하고 마을 속에서 진심 어린 신앙인의 모습을 지니도록 당부했다. 학교 후배들과 후배의 지인들로 구성된 가정이 4~5년 동안 18가정이 우리 마을로 내려왔다.

이들은 지역의 원주민과 귀농,귀촌인들과의 중요한 소통역할을 하기에 고마울 따름이다.

하늘로부터 온 사람들이 교인되어 농촌목회를 기쁘게 하다

농촌목회를 오랫동안 이어 온 계기가 있다. 바로 하늘로부터 온 어르신분들, 하나님을 믿는 농부님들이 계셔서 그분들의 삶을 묵묵히 바라보며 그분들의 길을 따라온 듯하다.

아주 오래전 수요예배를 앞두고 차량 운행 중에 밝게 뜬 보름달을 보았다. 달이 하도 밝고 둥글기에 “권사님, 오늘 달이 유난히 밝아요” 했더니, 권사님은 “목사님두 참, 달이 밝은 것이 아니지요. 하늘이 맑은 것이지유.” 갑자기 망치로 뒤통수를 호되게 맞은 느낌이었다. “그렇지요. 달이 밝은 것이라기보다는 하늘이 맑은 것이지요.” 수많은 세월 속에서 하나님을 안 것이다. 하나님이 맑으신 분이기에 이 어르신에게도 하늘의 맑음을 일깨우셨다는 생각이 들었다.

해마다 봄이 되면 농사 시작 전에 거의 20년 동안 반복해 주시는 이야기가 있다. "목사님, 해마다 농사의 처음 일이 힘드시죠. 하지만 시작이 반이어요." 참으로 단순하며 누구나 아는 이야기임에도 어르신께서 농사를 시작하는 봄철마다 하시는 말씀이 내게는 보약이다. 지금 생각해 보면 늘 그랬다. 시작만 하면 된다는 사실을 알았다. 대부분 시작 전에 불안, 염려, 두려움, 근심하지 않는가? 그런데 그냥 어르신 말대로 '그냥 시작하면 언제나 반은 되어 있다'라는 사실에 놀랍다. 시작이 반이다. 참삶이란 머리보다는 몸으로부터라는 것을 하늘로부터 오신 농부님들을 통해 알게 된 진리이다.

어느 어르신 교우는 예배를 마친 뒤 교회 봉고차로 집에까지 모셔다드린다. 봉고차에서 내린 어르신은 내가 한참 동안 멀어진 뒤에도 봉고차의 백미러로 보고 있노라면, 여전히 내린 그 자리에서 고개 숙이고 젊은 목사를 향해 기도하신다. 뒷모습을 보고 있노라면 거룩 그 자체이다. 대부분 교회, 수도원들의 모토는 환대와 환송이다. 맞이하는 거룩

교우들과 나란히

함과 떠나보내는 최대한의 예의가 바로 기독교 핵심일 텐데, 나는 이 어르신 농부님을 통해서 보았고 배웠다. 참으로 행복한 목사이다. 저런 어르신들의 신심어린 마음을 훔쳐보고자 농촌교회를 떠날 수 없다.

봄에 씨앗을 뿌리고 얼마쯤 지나면 풀이 상상치도 못하게 치고 올라온다. 그러면 풀 뽑는 일을 시작한다. 이 일을 우리는 김맨다고 한다. 새벽부터 김매기를 1년에 두세 번을 해야만 생산물을 거둘 수 있다. 그렇게 김매기를 할 때 지나가는 사람들 열이면 아홉은, "목사님, 뭐 그리 힘들게 풀 뽑으셔요. 제초제 확 뿌리면 금방 될 일을…!" 하신다.

그런데 열중 한 명은 이런 어르신이 계신다. "목사님, 풀 뽑는 일이 힘드시죠. 하지만 풀 많은 곳이 곡식도 잘 된답니다. 애쓰셔유~." 이 한마디, 풀이 잘 자란다는 것은 퇴비 영양분이 많다는 것이고, 유기질이 흙 속에 풍부하니 풀이 잘 자란다는 뜻이다. 이 말을 듣고 보니 풀 뽑는 것이 하나도 힘들지 않으니 어인 일인가? 하늘로부터 온 어르신의 이 한마디는 그야말로 생명의 언어이다. 내 어찌 이런 분들을 놓고 다른 어디로 간단 말인가. 한분 한분이 모두 선생님이시다.

또 한 번은 예배 후 어르신을 집으로 모셔다드리는데, 내게 이렇게 말씀하신다. "목사님, 제가 살아보니 위를 한없이 쳐다보는 게 힘만 들어요. 그런데 어느 날부터 아래를 내려다보니 얼마나 맘이 편한지 모르겠네요." 이 이야기를 듣는 순간, 순리가 무엇인지를 알게 되었다. 더군다나 신앙인으로서 아래의 힘겨운 사람들을 볼 수 있다면 아픔이 아닌 행복이라 여길 수 있을듯하다.

유영모 선생님께서 믿음이란 것은 '믿'은 바로 '밑, 아래'라는 뜻으로 바닥이다. '음'은 그대로 '소리'이다. 그러니 믿음은 '바닥소리'이다. '바닥 소리'를 들으시러 이집트의 히브리인들에게 오신 하나님이다. 로마의 식민지배 생활에 힘겨운 이스라엘 백성의 소리를 들으러 오신 주님이시다. 이 어르신은 그렇게 농촌에서 사시면서 아신 것이다. 샘물이 아래로 흐른다는 것을. 그래야 모든 생명이 더불어 산다는 사실을. 거룩하고 아름다운 이런 분들을 어찌 놓고 떠날 수 있겠는가?

마지막으로, 나를 농부로 인도하신 농부 교우님을 소개하고자 한다. 아마도 18년 동안 거의 일주일에 세 번 정도, 이른 아침 5시 30분 정도면 어김없이 전화하신 교우, 농부님이 계신다. 새벽에 전화 한 것은 새벽기도 때문이 아니었다. "목사님, 교회 밭에 나오셔서 김매셔야죠." 젊은 목사는 6시가 넘어서 밭에 나가면 당신은 벌써 나오셔서 김매고 계신다. 18년 동안 늦게 나온 나에게 화내거나 뭐라 말한 적이 한 번도 없다. 사실 그때는 잘 몰랐다.

그러나 시간이 지나고서야 알았다. 이분은 세상에 오신 목적이 바로 목사 한 사람 바른 농사꾼 만드시려고 한 어르신이었다. 나는 지금껏 이분을 내 선생님으로 고백한다. 이분의 거룩함으로 이제는 새벽에 동터오기를 기다렸다가 밭으로 향한다. 모두 어르신 덕분이다. 다른 곳에 한눈팔지 않고 오롯이 이 어르신들을 바라본 것은 내게 최고의 시간이고 행복이다. 아직도 배고프다. 구석구석 마을에 계신 어르신들의 지혜를 훔쳐보고 싶다.

하나님이 원하시는 농촌교회 목회란?

농촌교회와 농촌목회는 다양해야만 한다고 생각한다. 물론 전통적인 방식의 목회도 있을 것이다. 필자는 농촌교회 목회 방향을 생명목회관점에서 생각해왔다.

농촌교회, 농촌목회자로서 초창기에 무엇을 할 것인가? 예배에 대한 고민, 말씀에 대한 교류, 교회력에 따른 설교 나눔 등을 함께했다. 그러면서도 실질적으로 농촌교회와 교우들에게 어떤 것을 할까 하는 즈음에 농촌목회자들과 함께 시작한 것이 농촌교회 교우들의 농산물들을 도시교회에 소개하고 도움을 주는 직거래장터였다. 1~2년은 꽤 잘했다. 문제는 우리 교회의 교우들에게서 발견했다. 새벽에 동네를 한 바퀴 돌면 교우들은 새벽에 잘은 모르겠지만 아마도 농약을 치는 것이다. 과연 '이것이 성서적으로, 신앙적으로 맞는 것인가?'를 생각하게 되었다. 당시로는 잘 이해가 되지 않았다.

그래서 사람들을 찾기 시작했다. 농약을 치지 않고서도 참 농사를 짓는 사람들이 있는가? 신앙적으로는 농약을 인정할 수 없었기 때

묵묵히 생명을 일구는 현장- 청파교회 환경부 위원들

문이다. 수소문 끝에 만난 사람들이 있었다. 이들은 1975년부터 유기농산물들을 재배해서 지게에 지고 시장에 나와 일반적인 농약, 화학비료로 키운 관행농산물 값과 똑같이 받았다. 힘든 것은 열 배나 힘겨웠을 텐데도 그냥 그렇게 생명의 먹을거리를 정직하게 농사짓는 것을 하늘의 뜻으로 여겼다. 이들을 만나고서 필자는 두 번째 새로운 세상이 열렸다. 뜻을 이루는 사람들이 있었다는 사실에 놀라웠다.

이들은 '정농회'라는 단체로 '농사를 바르게 짓는 사람들'이었다. 대부분 성서를 원칙으로 믿고, 그렇게 생명농업을 하는 사람들이었다. 나에게는 크나큰 충격이었고, 이들로부터 새로운 신앙의 재세례를 받았다고 해도 과언이 아닐 듯싶다. 이들은 일본의 '애농회'라는 '농사를 사랑하는 사람들'에게서 유기농업의 정신을 배웠다고 한다. 누군가 옳은 진리의 길을 여는 사람들이 있어서 세상은 밝음으로 열린다. 나의 주님, 나의 구주 예수가 그러했듯이 말이다.

이러한 정농회 분들을 만나고 홍천으로 와서 이듬해부터 홀로 친환경농업을 했다. 처음에는 어려움이 있었으나 시간이 지나면서 한 분 두 분 함께했다. 교우 중 한 분은 오리농법으로 논농사를 짓기도 했다. 노을 지는 저녁쯤이면 논길을 걸어가면서 꽥~꽥~꽥~ 소리 내면 오리들도 뒤따라오며, 꽥~ 꽥~ 꽥하고 소리 내며 따라오는 모습이 지금도 눈에 선하다. 저보다 먼저 마을에서 묵묵하게 친환경 채소농사를 하는 농부님이 계시기에 힘과 용기가 되었다. 이렇게 20년 정도, 참으로 재밌게 생명농사를 이어왔다.

농산물들은 도시교회와 교류했고, 판매해서 교우와 이웃에게 도움이 되기도 했다. 아울러 여러 농촌과 도시 사이에 체험도 했다. 중·고·청년들의 농촌봉사 활동도 무려 18년 동안 함께했다. 무조건 우리 교회에 오면 일하는 것이 기본이었다. 찰옥수숫대를 낫으로 베어내는 일, 그것을 이웃집 농부님께 소먹이용으로 가져다주는 일, 논에 들어가서 잘 모르는 피를 뽑는 일, 재밌는 것은 언제나 피보다 벼를 더 많이 뽑았다는 사실, 인삼밭에서 인삼 열매를 따는 일, 몸 불편하신 어르신 집 청소하는 일 등 정말로 재밌게 놀았다. 한낮에는 가끔 물놀이도 했다.

"노동이 기도요. 기도가 노동"이라는 수도원의 표어처럼, 농도(農都) 사이의 교류는 언제나 전제가 생명과 생명농업이었다. 거룩한 말씀 못지않게 중요한 것은 안전한 성찬이었음을 늘 상기시켰다. 다행스럽게 도시교회는 이런 모습을 잘 이해해 주었다. 지금까지도 농촌교회의 목회에서 놓지 않고 함께 걸어온 것은 오롯이 생명의 관점에서 보는 성서와 신앙, 그리고 농업, 농사이다. 영의 말씀이 거룩하고 온전하듯, 육의 양식 역시 온전하고 거룩해져야만 교회로써 존재한다. 거기에 빠지지 말아야 할 것은 아버지께서 일하시니 우리도 함께 땀 흘려 일해야 한다는 것이다.

뿌리인 농촌교회와 열매 맺는 꽃인 도시교회와의 연대 모색

대부분 농촌교회를 뿌리라고 이야기한다. 아래에서 묵묵히 생명을 일구기 때문이다. 언제나 화려하기보다는 어려운 부분만이 비추어져서 그럴 것이다. 반면에 도시교회는 화려해서 그런지 혹 보이는 면이 많아서 그런지 꽃과 열매로 비유를 한다.

농촌과 도시가 나누는 서로살림 농도생협–지구인생협

1996년부터 어떻게 하면 뿌리인 농촌교회와 열매인 도시교

농촌과 도시가 나누는 서로살림 농도생협

회가 한 몸인 것을 알게 할 수 있을까 고민하다 여러 과정을 겪으며 직거래 '텃밭' 매장을 아현교회의 사회관에 개장했다. 몇 년 후에 소농, 가족농 중심인 농촌교회의 생산자 20여 명과 함께 농도매장을 열었다. 2015년에는 도시의 조합원으로 구성된 서로살림과 합하여 〈서로살림·농도소비자생활협동조합(이하 서로살림·농도생협)〉으로 영등포산업선교회 센터에 생협매장을 열게 되었다.

〈서로살림 농도생협〉은 기독교인으로써 소농과 가족농을 중심으로 농촌과 도시교회를 연결했다. 소농과 가족농, 그리고 작은 농촌교회를 이해하려면 이런 비유로 이야기할 수 있다. 몸이 건강하려면 작은 시냇물 같은 실핏줄이 잘 흘러야 한다. 마찬가지다. 생명농업과 농촌교회가 건강하려면 이와 같은 소농, 가족농이 많아져야만 농촌교회와 도시교회가 건강해질 수 있다. 뿌리인 수많은 농촌교회가 건강해지려면 도시인들이 농촌으로 내려와 작은 텃밭이라도 함께 해야 한다. 그야말로 소농, 가족농이 많아져야만 농촌교회도 같이 살아갈 수 있다. 이제는 농촌교회만의 문제가 아니라 도시교회도 이 일에 서로서로 협력해야만 도시교회의 열매가 풍성해진다.

다시 희망의 농촌교회로! 그분께 두 손을 모아 본다.

코로나19 이후로 교회는 신뢰를 잃고 있다. 교회의 본질을 벗어났기 때문이다. 다시 그 본질을 여러 방면으로 회복해 보길 바란다. 5~6년 전부터 어르신들만 계신 우리 농촌 마을에 젊은 친구들이 귀농·귀촌하도록 독려했다.

몇 년 사이에 20여 명 넘는 젊은 가족들이 마을로 내려오게 되었고, 나름 집도 짓고 정착하게 되었다. 시골 마을에 벌써 3년째, 어린 생명을 잉태해 아이 울음소리도 들린다. 희망의 소리다. 생명을 낳는 일에는 분명 희망이지만 한편으로는 불안한 어둠도 있다. 바로 인간의 욕망과 개발이라는 문명의 혜택이 주는 편리함에서 겪는 기후위기이다. 인간이 저지른 욕망과 개발로 스스로 자멸하는 길로 들어서고 있다. 이제는 편리보다는 불편함을 이야기할 때이다.

땀흘림의 가치를 감사드리는 십자가(정혜레나 작)

필자는 20년 전부터 기독교환경운동연대와 함께 하면서 다양한 일들을 진행해왔다. 몽골과 중국의 사막화로 인한 미세먼지 문제를 위해 우리 교회도 몽골에 '은총의 숲' 조성을 위한 기금에 마음을 모았다. 여럿의 교회와 함께한 이 은총의 숲 가꾸기 운동으로 벌써 십만 그루가 넘는 나무를 몽골에 심었고, 그야말로 은총의 숲을 일구어 미세먼지 일부분을 감축하고 있다. 더불어 그곳에서도 생명이 자라고 번식하고 있다.

더불어 생산하는 것만이 중요한 것이 아니라, 정직하게 소비하는 먹을거리운동으로 함께한 것이 생명밥상 빈 그릇 운동이었다. 생명밥상운동은 음식물 쓰레기를 줄이는 귀한 신앙 운동이었다. 교회 마당에서는 덜 사고, 덜 먹고, 덜 만드는 운동으로 아나바다(아껴 쓰고, 나눠 쓰며, 바꿔 쓰고, 다시 쓰는) 장터도 했다. 현재 우리 마을에서는 젊은 사람들을 중심으로 매월 마지막 주 토요일에 '살만한 장터'를 개설해 재활용과 재사용 운동을 펼치고 있다.

교회학교도 선생님을 중심으로 환경생태교육에 기초한 토론도 하고 공부도 해 나름 불편한 삶을 통해서 희망을 찾아보고자 노력하고 있다. 몇몇 선생님은 제로웨이스트(zero waste)도 만들고 나눠 사용하고 있다.

코로나 위기 속에서도 몇몇 선생님은 모여서 아이들에게 보낼 생태, 생명, 환경 키트 모둠을 만들어 한 달에 한 번씩 20여 명의 아이들 가정에 나누어주고 있다.

한 달에 한 번 마을 초등학생들에게 나누는 키트상품

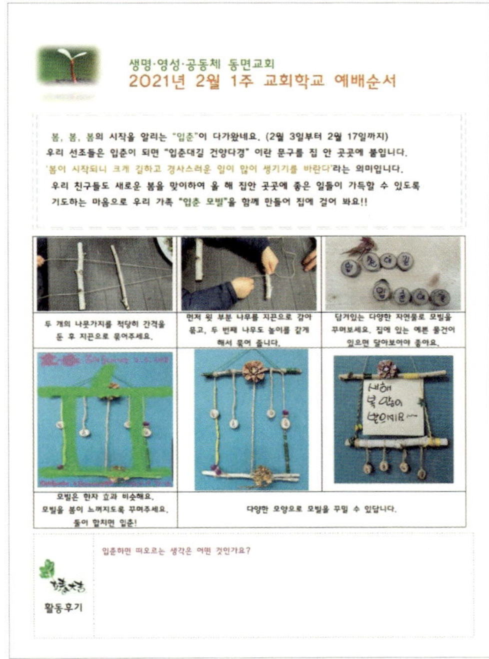
생명·영성·공동체 동면교회
2021년 2월 1주 교회학교 예배순서

봄, 봄, 봄의 시작을 알리는 "입춘"이 다가왔네요. (2월 3일부터 2월 17일까지)
우리 선조들은 입춘이 되면 "입춘대길 건양다경" 이란 문구를 집 안 곳곳에 붙입니다.
'봄이 시작되니 크게 길하고 경사스러운 일이 많이 생기기를 바란다'라는 의미입니다.
우리 친구들도 새로운 봄을 맞이하여 올 해 집안 곳곳에 좋은 일들이 가득할 수 있도록
기도하는 마음으로 우리 가족 "입춘 모빌"을 함께 만들어 집에 걸어 봐요!!

두 개의 나뭇가지를 적당히 간격을 둔 후 지끈으로 묶어주세요.	먼저 윗 부분 나무를 지끈으로 감아 묶고, 두 번째 나무도 높이를 같게 해서 묶어 줍니다.	담겨있는 다양한 자연물로 모빌을 꾸며보세요. 집에 있는 예쁜 물건이 있으면 달아보아야 좋아요.
모빌은 한자 효과 비슷해요. 모빌을 봄이 느껴지도록 꾸며주세요. 둘이 합치면 입춘!	다양한 모양으로 모빌을 꾸밀 수 있답니다.	

활동후기
입춘하면 떠오르는 생각은 어떤 것인가요?

교회학교 주보(작품지도 정혜레나)

교회에 나오는 아이든, 안 나오는 아이든 상관없이 생태와 환경, 기후위기 속에서 어떻게 그분의 뜻을 알아차릴까 함께 고민하고 앞서가는 신앙인이 되기 위해서이다. 이러한 일들이 중요한 것은 언제나 주님 앞에서 외친 한마디의 본질을 생각하기 때문이다. "그저 말씀만 해주십시오. 그러면 내 종이 나을 것입니다"(마태복음 8:8)는 백부장의 고백처럼, 생명을 위해서는 교회가 세상에서 빛이 되어야 하며, 실천적인 면에서는 소금이 되어야 한다. 그래야만 희망이 보일 것이다.

박순웅 목사는 농사짓는 일을 제일 좋아한다. 그 마음으로 농촌목회를 한다. 어르신들의 지혜 듣기를 좋아하며, 논과 밭에서 수없이 예수 기도를 나눈다. "하나님의 아들 예수 그리스도여 나를 불쌍히 여기소서." 농촌과 도시교회를 잇는 생명의 망으로 생활협동조합운동을 하면서, 기후위기 시대를 알기에 일찍부터 생태 생명 평화 환경운동을 해왔다. 지역의 시민단체와 연대해 골프장 건설, 양수발전소, 송전탑 반대 기도회를 하면서, 책으로 공부하기보다는 몸으로 땀 흘려 배운 것이 더 많다. 그렇게 사람들을 만나고 이야기하며 오늘의 내가 되었다고 말한다. 목회자라기보다는 농민과 구도자의 길을 걷고 싶어 한다. 그래서 늘 교우들께 미안해하고 아울러 고마워할 따름이다.

부촌교회

소농 문명의 삶은

하나님 나라 백성들의 삶의 양식과 닮았다.

어느 누구에게도 예속되거나 종속되지 않는 삶을 지향하되,

오직 하늘을 바라보며 살아가는 삶이기 때문이다.

소농의 삶은 기본적으로 하늘의 은혜를 신앙고백하는 삶이다.

햇빛과 비와 바람을 주시는 은혜에 화답하여

땅과 농작물을 가꾸는 것이 농사(農事)다.

농(農)의 재발견

박세광 목사(화천 부촌교회)

"야, 인마. 너, 지금 아니면 거기서 평생 못 나와!"

2015년 겨울, 이곳 부촌교회에 부임한지 꼭 1년째 되던 겨울 어느 날엔가 선배 목사님에게서 전화가 왔다. 부목사 자리가 하나 있는데 거기 추천해 주겠으니 가라는 것이다. 이곳에 부임해 온 지 1년 만에 또다시 떠난다고 생각하니 마음이 산란했다. 주일 낮예배만 겨우 모이던 교우들을 설득하여 주일 오후예배, 수요 저녁예배를 시작하였지만 오래가지 못해 제자리로 돌아왔고, 마을 사람들도, 마을도 여전히 낯설어 아직 정이 가지 않은 차였기 때문이다. 그래서인지 선배 목사님의 전화가 반가웠고, 마음 한편에선 너무 허전한 이곳을 떠나고픈 마음도 분명히 있었다.

하지만, 1년 만에 다시 떠나자니 먼저는 교우들께 미안했고, 부목사 생활을 다시 시작한다고 해도 불투명한 장래를 생각해 보면 무작정 떠날 일만은 아니었다. 전화를 주신 선배 목사님의 마음은 참 고마웠지만 며칠 고민 끝에 어지러웠던 마음을 정리했다. 다시 전화했을 때 선배 목사님이 하셨던 말씀이다. "야, 인마. 너, 지금 아니면 거기서 평생 못 나와!" 참 희한하게도 비슷한 시기에 전화를 주었던 친구 목사의 표현도 그와 같았다. "거기 한 번 들어가면 못 나오는 곳이라며?"

우리나라 인구 50%가 수도권에 몰려 있고 전 국민 90%가 도시에 살고 있는 오늘날, 농·어·광산촌에서 살고 있다는 자체만으로도 많은 사람들은 우리를 애틋하고 측은한 마음으로 생각해 주신다. 도시

교우들과 함께

에서 농어광산촌교회와 선교를 바라보는 이들의 시각도 아마 비슷한 관점에서 출발할 것이다.

사실, 나는 내가 속한 마을과 지역사회에서 아직 아무런 유기적 관계를 맺지 못한 채 지금까지 지내오고 있다. 주일예배 인도만 겨우 하고 있는 실정인지라 이런 지면에 글을 쓸 깜도 없지만, 그럼에도 불구하고 줄곧 고민해 오던 중에 무언가 희미한 빛을 발견한 것 같아 그것을 공유하고 뜻을 같이하는 분들이 생기기를 바라는 마음에 용기를 내었다. 그 희미한 빛을 발견하기까지 내 이야기를 해보고자 하며, 그 빛의 정체가 과연 무엇인지 글을 쓰는 가운데 조금이나마 뚜렷이 하고 싶다.

생계 미자립 목회자 가정

선배 목사님과 그렇게 전화를 주고받은 지 얼마 후, 지방 내 농촌과환경선교위원회 주관으로 미자립교회가 함께 모임을 가졌다. 교회가 미자립이라는 말은 어불성설이니 생계 미자립 목회자 가정이라고 하자며 생각을 모았고, 모임의 취지를 경제적 미자립의 현실에 대해 같이 고민하는 자리로 잡았다.

생계 미자립 목회자 가정은 대부분 외부 선교후원으로 근근이 생계를 유지한다. 그리고 그 후원은 지속적인 경우도 있고, 일시적인 경우도 있다. 처음 목회를 시작하던 시절, 그때는 어느 큰 교회들로부터 후원받고 있다는 것을 은근히 뿌듯해하고 자랑스러워했던, 지금 생각하면 낯부끄러운 적도 있다. 하지만 어느덧 목회 연한이 쌓이고 나이도 들어서인지 선교후원을 받는 것에 마음이 마냥 편하지만은 않다. 그 감정의 정체를 어떻게 표현해야 할지 잘 모르겠다. 후원해 주시는 분들이 정말 고마운데 동시에 괜스레 미안하고 이렇게 계속 받아도 될까 싶은 생각에 그분들에게 민폐를 끼치는 것 같고, 그러면서도 언제까지 후원이 계속될까 불안해하며, 혹시나 지원이 끊어지면 어떡하나 걱정하기도 한다.

후원해 주시는 교회와 지인들 덕분에 겨우 생계를 유지할 수 있기에 진심으로 감사하지만, 그러나 그 감사한 마음을 담아 표현하는 것이 내게는 영 서툴다. 감사 사례를 하면 앞으로도 계속 후원해 달라고 그분들의 비위를 맞추는 것 같고, 그렇다고 그냥 받기만 하려니 너무 염치없는 사람처럼 보이는 건 아닐까 걱정된다. 그러다가 정말 후원하시는 교회나 지인들이 후원 중지 소식을 알려오면, 내가 처신을 잘못하여 이렇게 된 것은 아닌가 하는 자괴감이 들기도 한다.

그렇다 보니, 우리끼리 모여서 그런 마음들을 나누고 공감하며 내린 결론은, "감사히 받고 빨리 잊어버려"였다. 오해하면 안 된다. 이런저런 상념의 꼬리를 물고 자괴감에 빠지거나 자기연민에 빠지지 않도록 빨리 잊어버리자는 것이지, 후원을 해주시는 분들의 정성과 노고를 잊어버리자는 것이 결코 아니다. 한 번은 정말 오해를 산 적이 있다. 우리 지방은 지방 임원이 바뀌면 항상 선교부 주관으로 미자립 교회 교역자들이 함께 모여 선교부에서 주는 후원금을 어떻게 나눌지 논의를 한다. 모임을 마치고 식당에 갔는데, 우리는 "감사히 받고 빨리 잊어버려"란 말로 서로를 격려하며 위로하고 있었다. 하지만 그 상황을 알 길이 없는 임원 한 분이, 우리가 앉은 식탁에서 흘러나온 '빨리 잊어버려'라는 말만 듣고서, 버럭하는 음성으로 "감사할 줄 알아야 돼!"라고 하셨다. 물론이다. 감사할 줄 모르면 인간이 아니다.

생계 미자립 목회자 가정 모임에선 여러 이야기를 허심탄회하게 나누었던 것으로 기억하는데, 그 가운데 그날 내 마음 깊은 곳에 자리 잡게 된 것은 바로 '귀농'이라는 주제였다. 귀농을 하면 정책자금도 대출받을 수 있고, 은퇴 이후의 삶도 준비할 수 있겠다는 생각이 들었기 때문이다. 그때로선 그것이 가장 현실적이고도 구체적인 생계자립에 대한 여러 대안 중 하나라 생각했다. 그러고는 정말 귀농의 길을 가기로 결심했다.

강원미래농업대학

그 후, 같은 지방에서 마을 이장을 하는 친구 목사를 통해 강원도 농업기술원 산하 미래농업대학 6개월 교육과정이 있다는 것을 알게 되었고, 2016년 4월, 동부연회가 개최되는 그 주에 나는 연회의 감독에게 위임장을 내고 미래농업대학 과정에 입교하였다. 생판 모르는 낯선 이들과 합숙하기 쉽지는 않았다. 게다가 또래 연령이 아니라 한참 어린 친구들이 대부분이었던지라 조용하게 지냈다.

그땐 잘 몰랐지만, 지금에 와서 돌이켜보니 보고 배운 것들은 거의 산업으로서 농업을 어떻게 할 것인가에 대한 것이었다. 잘 알다시피 산업 분야에서 농업은 가장 경쟁력이 없는 산업이다. 그래서 경쟁력을 갖추려면 역시 규모가 커야 한다. 그렇다 보니 견학하고 탐방한 곳은 우리 같은 소농들은 흉내도 못 낼 만큼의 꽤 큰 규모의 농장이 대부분이었다. 예컨대, 한 번은 파프리카 농장에 견학 갔는데, 그 시설은 어마어마한 크기였고 온도조절, 물 주기는 물론 대부분의 조건들을 자동으로 할 수 있는 시스템을 갖춘 곳이었다. 수확할 때조차 전동차로 이동하고 제자리에서도 아래위로 오르락내리락할 수 있다. 물론 수확은 일용 노동자들을 고용하여 일을 한다. 이런 규모화된 시스템을 통해 대량생산을 하는 농장에서 나오는 파프리카가 있는 한, 웬만한 소농들은 파프리카 농사를 지을 수가 없다. 경쟁이 되지 않기 때문이다.

농사를 짓는다고 다 같은 농업인, 혹은 농부가 아닌 것이다. 우리 사회 전반이 그렇듯, 농업에도 양극화가 심하다. 문제의식을 가지고 고민하지 않는 한 농업 분야는 물론이요, 전 사회가 점점 더 깊어지는 양극화의 골에 빠질 것이 확실해 보인다. 농사를 시작하게 되면서 산업문명에 대한 비판적 성찰의 안목을 비로소 갖추게 되었다.

귀농창업

미래농업대학 6개월 과정을 수료하고, 그로부터 2년 후, 귀농창업 대상자로 선정이 되어 농협에서 융자받아 농지를 매입하였다. 땅을 볼 수 있는 안목이 없기도 했지만 외부인이나 귀농인들이 좋은 농지를 구할 수 있기란 하늘의 별 따기만큼 어렵다. 겨우 구한 곳이 집에서 20km 떨어진 곳이요, 비탈진 언덕에 있는 땅이었다. 그래도 길이 연결되어 있고 밭 위쪽에 농막이 있었다. 거기에 농업용 전기와 마을 간이상수도가 모두 들어와 있고, 위치가 도시(춘천)와 가깝다는 것이 그나마 장점이라면 장점이라 할 수 있다. 밭 한편에는 전 주인이 그대로 양도해 준 산마늘(명이나물)이 자라고 있다. 비록 농사하기 척박한 조건이지만, 그래도 내 땅이라는 이유 때문인지 애착을 가지게 되었다.

귀농창업 1년 차(2019년)

1년 차 때는 농사를 제대로 시작도 못 했다. 농업학교 수료자에게는 취득세 감면 혜택이 있는 줄 알고 있었는데, 그새 지방조례가 바뀌어 어떠한 혜택도 받지 못하고, 신용카드 무이자 할부로 겨우 납부한 후, 몇 달 동안 갚아나가야 했다. 난생처음으로 인력사무소엘 나가 봤는데 혹시나 아는 사람 만날까 봐 춘천으로 다녔다. 근데 인력사무소에서 일을 따내려면 적어도 아침 6시까지는 사무소에 나가야 했다. 그러려면 집에서 새벽 5시에는 출발해야 그 시간에 도착한다. 그리고 퇴근을 해도 저녁 6시 전후로 집에 오게 된다. 그렇다 보니 인력사무소도 꾸준히 다니기란 불가능했다. 그래서 주위 지인들의 소개로 군부대 진지 구축공사 단기 알바, 축산물 가공공장 단기 알바 등도 하다가 가끔씩 인력사무소에 나갔다.

이런저런 일들을 해보며 임금노동자들의 삶을 일부라도 체험하게 되면서 창피한 이야기이지만, 그제야 '생계'라는 개념을 몸으로 체득하였다. 돌이켜 보건대, 신학생 시절에는 정말 생계에 대한 '개념이 없었다.' 그저 신학교를 졸업하면 목사가 되는 줄 알았고, 목사가 되면 그만인 줄 알았다. 목회 초년 시절에 선교후원을 받으면서도 그리고 다시 이곳에 부임하여 여기저기서 선교후원을 받는 처지에 있으면서도 조금 가난하여 불편하다는 생각만 했을 뿐, '생계'에 대한 진지한 고민이 부족하였다.

함께 일구며 땀 흘리는 현장

그렇게 품 팔며 일하러 다니는 와중에 농업용 지하수 관정을 뚫어 놓고, 어설픈 이랑을 만들어 고추를 심고 친환경농업 인증절차를 시작한 것이 1년 차에 한 농사일의 전부다. 유기농산물 인증을 받으려면 3년의 전환기를 거쳐야만 한다. 3년간 무농약 인증심사를 통과하면 4년 차에 유기농 인증심사를 받을 수 있다.

처음에 유기농 농사를 하려고 한 것은 건강한 먹을거리를 생산하겠다는 것과 좀 더 값어치 있게 팔 수 있을 거라는 기대에 따른 의도였다. 농사가 먹을거리를 생산하는 일이라고만 생각했을 때는 그게 다였다. 지금은 거기서 좀 더 나아가, 농사의 결과물만이 아니라 농사를 짓는 과정도 자연환경과 유기적 관계의 조화를 이루며 일하는 것이 유기농의 정신이라는 걸 깨달았다. 이것은 신앙고백과도 맞닿게 되는 중요한 지점이다.

귀농창업 2년 차(2020년)

취득세를 모두 갚고 나서도, 막상 농사를 시작하려고 하니 앞이 깜깜하였다. 하는 수 없이 농협 대부계에 가서 농자금 명목으로 추가 대출을 받았다. 그리고 원초적 뜻 그대로 개척의 삶을 시작하였다. 산마늘 밭과 약 100여 그루의 아로니아 나무만 그대로 두고, 비탈에 있던 대추나무, 마가목 나무, 은행나무, 산벚꽃나무, 층층나무, 회양목, 엄나무, 꾸지뽕나무, 헛개나무 등은 미안하지만 어쩔 수 없이 현실적인 농사를 짓기 위해 지인들과 이웃들에게 분양하였다. 그리고 중장비를 불러 비탈진 아래로부터 계단식으로 평탄작업을 하여 4개의 계단식 밭을 만들었다.

고추를 아주심기 해야 할 시기에 임박하여 밭이 조성되었기에 서둘러 이랑을 만들었는데 관리기로는 어림없었다. 돌이 얼마나 많은지 두둑은커녕 관리기가 지나간 흔적만 남았다. 어쩔 수 없이 쇠스랑으로 일일이 이랑을 쌓아 올려야 했는데 보통 힘든 일이 아니었다. 구슬땀이 흘렀고, 하루 2리터 물통을 비우는 것은 식은 죽 먹기였다.

일이 힘들면 저절로 요령이 생기기 마련이다. 그 요령 중 하나는 45분 일하고 15분 쉬는 것이다. 마치 아이들이 학교에서 1교시 2교시 구분하여 수업을 하듯, 손목시계를 차고 시간 맞춰 일을 시작하고 마치기를 반복하면 어느새 몇 개의 이랑이 완성되어 있었고, 하루 일을 마칠 때 오늘은 7교시 수업했구나, 8교시 수업했구나 하면서 집으로 돌아갔다. 고추 아주심기 하기 겨우 일주일 전에 이랑 조성을 마쳐 밑거름을 줄 시간을 놓쳤음에도 안 뿌리는 것보다는 낫겠지 하는 마음으로 유기질 유박비료를 이랑을 따라 쭉 뿌렸다. 그리고 점적 호스를 깔아 농수관과 연결하고, 쓰다 남은 차광막으로 이랑을 덮어 풀나는 것을 막았다. 그리고 5월 15일이 되어서야 겨우 고추 아주심기를 했다.

예상하다시피 초보 농사꾼인지라 일은 해도 해도 끝이 없었다. 청양고추 1,000주를 심었는데, 고추 고정줄 작업만 해도 처음에 할 때 제대로 하면 일손을 확 줄일 수가 있었던 것을, 배운 게 없고 아는 게 없으니 한 번 할 일을 두 번 세 번 하는 수고를 해야만 했다. 산마늘밭 차광막으로 쓰던 것을 재활용하여 멀칭을 할 때만 해도 풀이 그 사이로 올라오리라고는 전혀 생각하지도 못했고, 솟아오르는 풀을 도저히 감당할 수가 없어 결국 제초매트를 사다가 다시 그 위에 덮는 것 말고는 어찌할 도리가 없었다. 그렇게 이런저런 시행착오를 겪으며 하나하나씩 배워갔다.

수확한 고추는 모두 가락동 농산물도매시장으로 출하했다. 소득에 연연하지 않고 당분간은 고추 작물 생리를 익히고 여러 가지 경험과 농사방식을 쌓으며 생산 역량을 늘리는 데에 목표를 두었기 때문이다. 처음에는 욕심에 풋고추를 따면 훨씬 많이 딸 수 있다고 여겨 청양풋고추로 출하를 하다가 홍고추 가격이 풋고추 가격을 추월할 때쯤엔 나도 홍고추로 따서 팔았다. 도매시장 경매로 가격을 매기다 보니 가격이 들쭉날쭉했지만, 날마다 꼬박꼬박 통장에 입금이 되는 것도 쏠쏠한 재미 중 하나였다.

애초 땅심이 부족한 생땅에 심었기에 여름이 지나고 나서는 고추 수세가 딸려서인지 열매도 훨씬 작아지고 모양도 이쁘게 나오질 않아 한 상자 만드는 데에 배나 더 힘들었다. 안 되겠다 싶어 출하를 포기하고 달려 있던 모든 고추는 남김없이 모조리 따다가 내년을 위한 액비를 담그고 고추 가지와 잔사(남은 찌꺼기)들은 꺾어서 고랑에다 거름이 되라고 돌려주었다. 그러고는 겨울 오기 전 밭을 다시 대대적으로 손보기로 했다.

마침 코로나19로 농기계임대센터에서 임대료를 면제해 주고 있어서, 기회다 싶어 농업용 소형 굴삭기를 임대했다. 한 번 임대하는데 최장 3일을 임대할 수 있는데, 몇 번을 반복했으니 아마 열흘 넘게 빌려 쓴 셈이다. 그러고는 마치 컴퓨터 디스크를 포맷하듯이, 밭 전체를 완전히 갈아엎었다. 앞으로는 아예 농기계를 쓰지 않고 밭을 갈아엎지 않는 무경운(無耕耘) 농사를 할 생각으로 고랑을 깊이 파서 이랑을 쌓아 올렸다. 흙 반 돌 반, 머리통 만한 돌도 수두룩하게 나올 때마다 황무지를 개척한다는 생각으로 일을 계속했다. 그렇게 계단식으로 평탄작업을 한 밭에는 각각 4개의 이랑을 올렸고, 그 위로 놀려 두던 비탈로도 총 10개의 이랑을 더 만들었다. 땅이 얼기 전 굴삭기 작업을 그렇게 모두 마쳤다.

귀농 창업 3년 차(2021년)

이른 봄, 얼었던 땅이 녹기 시작하자마자 지난해처럼 쇠스랑 하나로 이랑 평탄작업을 다시 시작했다. 그래도 지난해보다 좀 더 쉬웠던 이유는 그전에는 쇠스랑으로 이랑을 일일이 쌓아 올린 후 다시 평탄작업을 했었지만, 올해엔 굴삭기로 이미 올려놓은 흙이었기에 돌을 골라내며 바로 평탄작업만 하면 되었기 때문이다. 줄을 띄우고 그 줄에 맞춰 이랑을 평평하고 곧게 만들었다.

고추농사를 염두에 두고 이랑을 만들었기에 이랑 중심 사이의 간격은 180cm로, 이랑의 폭은 80~90cm로 했다. 그렇게 이랑 하나 완성하는 데에는 길이가 짧은 이랑은 대략 2시간, 긴 곳은 3시간 이상 걸렸다. 지난해보다 훨씬 반듯한 밭이 되었다. 밑거름도 충분히 미리 뿌려줄 수 있었고, 삶은 감자에다 산에서 채취한 부엽토를 섞어 배양한 미생물도 고추 아주심기 전 모든 이랑에 관주를 통해 몇 차례 넣어주었

주렁주렁 잘 열린 고추들

다. 그렇게 지난해에 비하면 상대적으로 준비가 더 된 상태에서 고추를 심을 수 있었고, 지난해의 시행착오를 통해 배운 것들이 있어 내심 자신감과 기대감으로 올 농사를 시작하였다.

올해는 건고추용 일반고추를 1,200주 심었다. 지난해 청양고추 농사를 해보니, 고추 크기도 작고 상자에 담을 고추를 선별하는 데에도 너무 번거롭고 손이 많이 가서, 일반고추를 하면 훨씬 쉬울 것이라 생각했기 때문이다. 그럭저럭 지난해보다는 좀 더 농사기술이 진보했고, 고추도 주렁주렁 잘 열렸다. 하지만 도매시장 경매 낙찰가가 지난해에 비해 반 토막 이하로 나오는 바람에 며칠 동안은 가슴앓이를 했다. 도매시장에 출하하기 위해선 크고 곧은 고추들만 선별하여 보내야 그나마 좀 더 좋은 값을 받기에, 고추를 따는 작업 못지않게 선별하는 작업도 만만찮다.

하루 종일 일해도 최저시급으로 일한 것보다 값이 안 나오니 어느 순간 부아가 나고 약이 올랐다. 농장에 일하러 가는 시간도 느슨해지고 농약(천연조제)도 두 번 쳐야 할 것을 한 번이나 겨우 칠까 말까 했다. 올해까진 소득에 연연하지 않고 생산력 향상에 집중하기로 했지만 일한 것에 비하면 소득이 거의 없다시피 하니 의욕이 나지 않았던 것이다. 농사가 안 되면 팔 게 없어 고민이고, 농사가 잘 되면 값이 없어 슬프다는 농부들의 고충을 직접 체험하게 되었다.

일만 하면 소가 되고, 공부만 하면 도깨비가 된다

본격적으로 귀농 창업을 하고 몸으로 살아가는 시간이 많아지면서 정신적인 공허함을 채우고 싶은 마음에 『녹색평론』을 손에 들게 되었다. '일만 하면 소가 되고, 공부만 하면 도깨비가 된다'고 곁에 계신 목사님이 하신 말씀이 와닿았다. 귀농의 삶을 살기로 작정한 만큼 자연과 환경을 주제로 한 글을 읽고 싶은 생각에 단행본보다는 정기간행물이 나을 것이라 생각했다.

『녹색평론』은 그 이름이야 오래전부터 들어 익숙했지만 한 번도 읽어본 적은 없었다. 그저 환경 운동하는 사람들이 보는 책쯤으로만

치부했었다. 그래봤자 자연을 보호하자, 에너지를 절약하자 등의 뻔한 내용일 거라며, 나도 그 정도의 삶은 늘 견지하며 살고 있다고 자만했던 것이다. 그런데 읽다 보니 의외로 농업에 대한 이야기가 많았다. 매번 간행될 때마다 농업에 대한 주제가 빠지지 않았다. 그 이유는, 지금 우리가 당면한 기후위기의 문제를 해결할 수 있는 대안이 바로 농업에 있다고 보기 때문이다. 그것도 산업으로서 농업이 아니라, 공동체에 기반한 소농(小農)의 문명이야말로 앞으로 우리가 지향해야 할 유일한 대안으로 삼는다.

아니, 나는 지금 우리 가정의 생계를 위해, 그리고 훗날 은퇴 이후의 삶을 고민하며 농사 한 번 지어볼 요량이었는데, 그런데 농사야말로 우리 시대가 직면한 문제를 풀어갈 돌파구가 되고 실마리가 된다니, 그것도 나 같은 소농이 그렇다고 하니 눈이 번쩍 뜨였고 귀가 활짝 열렸다. 그야말로 복음이었다. 남은 여생을 바칠 수 있을 만한 가치가 있겠구나 하는 소망으로 다가왔다.

기후위기의 시대 유일한 대안 - 소농 문명공동체

많은 환경전문가들은 왜 농업에 주목하고 그것도 소농(小農)에 주목하고 있을까? 무엇보다도, 농의 삶이야말로 돌고 돌아 순환하는 삶, 지속 가능한 삶의 방식이기 때문이다. 다시 말하면, 현재 우리가 누리고 있는 문명을 산업문명이라고 할 때, 산업문명은 지속 불가능한 방식의 삶이다. 한마디로 자연생태계의 질서를 따라 순환하는 생활방식이 아니라 대량으로 생산하고 대량으로 소비하며 대량으로 폐기하여 시간이 갈수록 오염되는 삶의 방식이다. 필요 이상으로 생산하면서 자연환경을 오염시키고 자원을 고갈시키며, 쉽게 버리고 폐기함으로써 또다시 생태계의 질서를 망가뜨리는 구조다. 그렇게 과잉 생산한 물건들을 아무런 성찰 없이 과소비하여야만 성장 또는 유지할 수 있는 사회요, 소비가 멈추면 사회나 경제가 몰락할 듯 위기를 부추기는 사회에 살고 있다.

이미 우리는 필요한 물품을 소비하는 시대를 지나쳤다. 필요해서 구매하는 것이 아니라 기업들의 끊임없는 마케팅 전략에 포로가 되어 필요한 것 그 이상을 쇼핑하며 즐기는 시대이다. 좀 더 보기 좋고 스펙이 좋은 물품이 나타나 내 마음을 사로잡으면 아직 쓰던 제품이 멀쩡하여도 쉽게 버리고 새 상품을 소비한다. 그래야만 경제가 성장한다. 한 해 경제성장률 운운하며 우리 사회의 경제가 돌아가기 위해선 기업들이 성장해야 한다고 하고, 기업들은 성장하기 위해 끊임없이 새 상품을 내놓고 팔아먹으려 하며, 우리 역시 계속 소비해 주어야만 사회가 유지된다고 한다.

그런데 그러면 그럴수록 생태계는 오염되고 지구온난화는 가속화하며 기후는 변화를 넘어 위기로 다가오고 앞으로는 재앙으로 닥칠지 모른다. 이 악순환의 고리를 어떻게 끊을 수 있을까? 지금의 산업사회가 지속이 불가능한 사회라는 것은 모두가 인정하고 있다. 한겨울을 따뜻하게 보내고 나면, 이른 봄 보일러 기름이 동이 나듯이, 지속 불가능한 문명의 삶 역시 언젠가는 반드시 끝이 온다. 애써 외면하면 안 된다. 그렇기에 소농 문명공동체를 화두 삼는 것은 우리의 앞날을 위해서도 반드시 필요한 일이다.

이에 못지않게 내 마음을 끄는 것은, 소농 문명적 삶이야말로 하나님께서 바라시는 하나님의 백성의 삶이라고 보는 것이다. 하나님께서는 히브리 민족을 애굽에서 해방시키시고 그들을 하나님 나라 백성 공동체로 삼으시며, 당신의 백성으로서 어떻게 살아가야 하는지를 알려 주셨다. 하나님께서는 히브리인들이 애굽에서 노예로 사시는 것을 원하지 않으셨다. 애굽 왕을 정점으로 한 피라미드 계급사회에서 권력과 힘을 가진 자가 힘없고 연약한 자를 억압하고 착취하는 사회는 하나님이 바라시는 삶의 방식이 아니었다. 그래서 하나님은 그들을 애굽에서 건져내셨고, 하나님이 바라시는 삶이 무엇인지, 하나님 나라의 질서가 무엇인지를 친히 일깨워 주신 것이다. 그 목적 때문에 그들은 하나님께 선택된 민족이 되었고, 그렇기 때문에 히브리인들은 하나님께 선택된 백성으로서 세상을 향하여 하나님 나라 삶의 방식과 질서를 나타내 보이고 전파해야 할 사명이 있었다.

애굽 노예의 삶이 왕권을 위해 희생될 수밖에 없었던 피지배의 삶이었다면, 하나님이 그들에게 바라신 삶은 하나님만을 왕으로 모시며 모두가 서로 평등하게 사는 삶이었다. 서로의 필요를 채워주고 부족함을 메워주며 서로 돕고 서로 돌보는 공동체적 삶이었다. 삼위일체 하나님께서는 당신의 존재 방식처럼 하나님의 백성들 역시 그렇게 공동체를 이루어 비로소 온전한 삶을 살기를 바라셨다.

그리고 모두가 서로 대등한 존재로 살아갈 수 있는 토대로서 애굽을 탈출한 이스라엘 백성들은 지파별로 토지를 분배받았고, 그 토지는 하나님의 소유로서 어떠한 경우도 매매하지 못하게 하셨다. 피치 못해 땅을 잃게 되었을 경우 연대 책임을 져서 다시 되찾을 수 있게 하셨고, 그렇게 해서도 안 될 경우를 대비해 희년을 선포함으로써 다시 제자리로 돌아갈 수 있게 하셨다.

일찍이 간디는 인도 사람들이 매일 한두 시간만이라도 물레질할 것을 권유하였다. 물레는 인간의 노역에 도움을 주면서도 결코 인간을 소외시키지 않는 인간적 규모 기계의 모범이기 때문이다. 간디는 기계 자체를 반대하지는 않았지만, 거대 기계에 대해서는 경계하였다. 기계가 거대해지고 과학기술이 고도로 발달하게 되면, 그것들은 필연적으로 폐쇄적이고 비민주적인 기술관료체제로 운영될 수밖에 없고, 바로 이 지점에서 위계적인 사회조직이 생겨날 수밖에 없다. 그래서 오늘날 이윤 획득만을 목표로 하는 자본주의 산업문명은, 저 먼 옛날 히브리 민족이 노예로 살던 애굽처럼, 현대판 피라미드 계층구조를 양산한다고 볼 수 있다.

그런 산업사회에서 살고 있는 오늘, 과학기술의 발전 덕분에 우리는 과거에 비해 훨씬 편리하고 풍족한 삶을 영위하고 있다. 하지만, 이런 체제에 대한 비판적 성찰과 회심의 삶이 없는 한, 날이 갈수록 빈익빈 부익부 양극화가 더욱 심해질 것은 명백한 사실이다. 히브리인들이 애굽 왕의 노예에서 해방되었다면, 우리는 지금 갈수록 양극화의 골로 빠져들게 하는 무한경쟁의 자본주의 체제에서 해방되어야만 한다.

이런 맥락에서, 감리회 사회신경 제6조에 명시하고 있는 것처럼 "우리는 부를 독점하여 사회의 균형을 깨뜨리는 무간섭 자본주의를 거부"하기 위해 하나님 나라 백성의 삶을 널리 전해야 할 선교적 사명

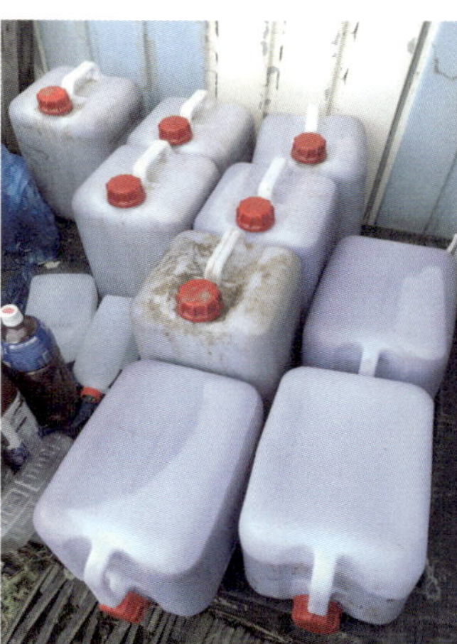

천연농약(은행삶은물) 제조

이 있다. 하나님은 광야의 이스라엘 백성들에게 만나를 내려 주시며 '사람이 떡으로만 사는 것이 아니요, 여호와의 입에서 나오는 모든 말씀으로 사는' 존재임을 자각하도록 하셨다. 온전히 하나님만을 의지하며 다만 일용할 양식만을 구하는 삶이 곧 하나님 나라 백성들의 삶의 양식(樣式)이라는 뜻이다.

소농 문명의 삶은 하나님 나라 백성들의 삶의 양식과 닮았다. 어느 누구에게도 예속되거나 종속되지 않는 삶을 지향하되, 오직 하늘을 바라보며 살아가는 삶이기 때문이다. 소농의 삶은 기본적으로 하늘의 은혜를 신앙고백하는 삶이다. 햇빛과 비와 바람을 주시는 은혜에 화답하여 땅과 농작물을 가꾸는 것이 농사(農事)다. 땀 흘려 열심히 일하되 하늘에 의존할 수밖에 없는 존재임을 신앙 고백한다. 우리가 두 발로 서 있는 땅과 흙, 숨 쉬는 공기와 바람, 밝은 햇빛과 때를 따라 내리는 비가 이미 우리에게 충만하게 주어진 하늘의 은혜요, 온 천하 만물이 하나로 연결되어 있는 생명공동체임을 신앙 고백한다.

그런 점에서 소농 문명공동체의 삶에 주목하는 것은, 우리 시대가 직면한 기후위기에 대한 대안을 찾는 일이면서도 동시에 일찍이 히브리인들에게 계시하셨던 하나님 나라 삶의 질서를 오늘 우리의 삶 가운데 구현하자는 것이요, 그래서 그것은 곧 복음이요, 전도요, 선교라 생각할 수 있다.

농촌의 현실

고춧값이 떨어져 한동안 시름에 잠겨 있을 때, 그 원인 중 하나가 농사가 농업(農業), 농산업(農産業)이 되었기 때문이라는 것을 깨달았다. 아무리 열심히 일했어도 최저시급에도 못 미치는 소득을 얻는다는 것은 분명 문제이다. 전체 농사 기간을 두고 거기에 들인 비용과 시간, 품을 따지면 정말 빚을 안 내는 게 다행이라는 말이 나온다.

왜 이와 같은 일이 일어날까? 겉보기만으로는 수입농산물 때문이다. 마트나 슈퍼에 가서 가공된 식료품 중 아무거나 들어서 살펴보라. 표시된 원재료명을 보면 거의가 수입농산물로 만들었다는 것을 알 수 있다. 값싼 농산물이 수입되는 이상 그만큼 농사지어 소득을 올릴 수 있는 농작물의 선택지가 줄어들 수밖에 없다. 그 좁은 시장을 놓고 또 경쟁을 하다 보니, 흉년이면 팔 게 없고 풍년이면 값이 없어 울상인 것이다. 그렇다면 수입되는 농산물은 어떻게 농사짓기에 값이 터무니없이 싼 것일까? 둘 중의 하나일 것이다. 기계나 약품의 힘을 빌려 인간의 노동력과는 비교가 되지 않게 대량생산을 하였거나, 아니면 식민지 시대처럼 노예를 부리듯이 노동자의 임금을 착취했거나.

겉보기엔 수입농산물이 문제인 것 같지만, 더 깊이 따지고 들어가면 결국 농사도 무한경쟁 자본주의 체제 속에서 산업화된 것이 문제의 원인이라는 것을 알 수 있다. 국가의 농정도 수입농산물과 경쟁할 수 있도록 규모를 키우고 힘을 키우도록 하는 데에 집중되어 있어 몹시도 아쉽다.

오늘 우리나라가 경제발전을 이룰 수 있었던 것은 수출 기업들이 있었기 때문이다. 그리고 수출 기업들이 성장할 수 있었던 그 배경엔 농촌의 희생이 있었다. 2012년 국회 여야 의원들이 발의했던 '무역이득공유제'(자유무역협정 체결에 따른 농어업 등의 지원에 관한 특별법)가 그 증거다. 수출 기업들이 성장할 수 있었던 것은 농산물 수입에 따른 농어촌의 희생이 있었기 때문이니, 그 기업들에게 징세하여 농어촌을 돕자는 취지였다. 하지만 재계의 반발로 입법이 무산되었다. 값싼 농산물을 먹을 수 있도록 이미 국민들에게 혜택을 끼쳤으니 징세에 반대한다는 궤변이다. 그래서 그 대안으로 수출 기업들이 알아서 자발적으로 기부하도록 '농어촌상생협력기금'을 만들어 시행하고 있지만, 참여율이 아주 저조하다.

농협 50년사에 따르면, 1991년 11월 11일 '쌀 수입 개방 반대 서명운동'을 시작하였는데 서명운동을 시작한 지 43일 만인 12월 23일에 1,300만 명을 넘겨 '최단 기일에 최대 인원 서명'으로 기네스북에 올랐다. 당초 서명 100만 명을 목표했던 것에 비하면, 전국민 30%가 넘는 사람들이 엄청난 호응으로 참여하였다. 그때는 사람들이 그만큼 농촌문제에 관심을 가지고 함께했다는 것을 알 수 있다. 그때만 해도 농촌에 적을 둔 사람들이 많았기 때문이다. 나는 도시에 나와 살고 있지만, 부모는 여전히 고향 시골에서 농사짓는 사람들이 많았던 것이다.

하지만, 30년이 지난 지금은 농촌문제를 내 가족 문제처럼 여기는 사람이 지나간 세월만큼 줄어들었고, 농촌은 그렇게 점점 사람들의 관심에서 멀어지고 있다. 농사가 농산업이 되면서부터 경쟁력 없는 소농들은 소멸될 수밖에 없고, 농촌의 인구는 그렇게 도시로 떠나가고 있다. 지난 10월 18일(2021년), 정부가 발표한 지자체 소멸 위기지역 89곳 중 69곳이 농촌지역이다. 소농문명공동체야 말로 우리 시대가 직면한 모든 총체적 문제를 풀어갈 유일한 대안이라 말하지만, 오늘날 농촌은 더 이상 소농이 버티기 힘든 곳이 되었다. 이것이 현재 농촌의 현주소요, 암울한 장래 전망이다.

희미하게 비춰오는 한 줄기의 빛

그러나 여전히 희망은 있다고 믿는다. 가난하고 취약하며 부족한 실존의 자리는 하나님만을 바라보고 의지해야만 하는 상황이지만, 동시에, 내가 하나님을 의지하는 것과는 별도로 하나님은 그곳에 있는 자들을 돌보시고 보호하신다. 따라서 그곳은 은혜가 늘 임하는 곳이요, 축복이 임하는 곳이며, 돌보심과 보호하심이 임하는 곳이다. 황무지요, 광야에 불과한 가나안 땅이 젖과 꿀이 흐르는 땅이라 불릴 수 있었던 것은 이와 같은 믿음의 눈으로 바라보았기 때문이다.

북이스라엘이 타락했던 시절에도 하나님께서는 '바알에게 무릎 꿇지 않은 7천 명'의 사람들을 남겨 두셨듯이 유일한 희망은 하나님께 있다. 하나님은 믿음의 사람들을 통해 지금까지 일하여 오셨듯이, 오늘도 희망을 일구어갈 하나님의 사람들을 부르고 계신다. 바로 그 이유 때문에, 그 어느 때보다 교회의 공신력이 땅에 떨어진 시대이지만, 그럼에도 불구하고 희망을 찾을 수 있는 곳이 있다면 역시 신앙공동체 말고는 없다.

새로운 관점으로 농촌선교 바라보기

초보 농사꾼으로서 짧은 농사 경험이지만 그 가운데 깨달은 작물 생리가 있다. 한 해의 농사는 보통 땅에 밑거름을 미리 넣어주는 것에서 시작한다. 밑거름이 충분하지 않으면 그 이후 웃거름을 아무리 잘 주어도 소용이 없다. 밑거름이 중요한 이유는, 작물을 심었을 때 뿌리를 얼마나 잘 내리느냐, 마느냐를 결정짓기 때문이다. 그리고 그 뿌리 내림의 정도에 따라 이후의 작물의 성장이 결정된다. 최근 관찰한 바로는, 비닐 멀칭을 한 곳의 작물이 그렇지 않은 곳보다 성장이 좋은 이유도, 풀을 방지해서라기보다 초기에 뿌리 활착이 잘되도록 지온을 유지해 주었기 때문이라는 것을 알게 되었다. 그만큼 뿌리가 중요하며 땅이 중요하다는 말을 하고 싶다.

교회의 선교는 그동안 한 개인의 '영혼구원'을 목표 삼는 것에 편중되어 왔다고 생각한다. 개교회의 성장에도 도움이 되고, 교회적으로도 수치적 통계를 내고 평가하기도 수월하다. 농사로 비유하면 농작물 하나하나를 개별적으로 살리는 것에 힘써 온 것이다. 그래서일까 양적인 부흥과 성장은 이루었지만, 사도신경 내용에도 포함되어 있는 공교회성에 대한 신앙고백은 허공을 치는 메아리로 울릴 뿐이다. 이제는 진정한 '영혼구원'을 위하여 그 개별적 '영혼'들이 뿌리내려 삶의 터전 삼고 있는 밭 전체에 관심을 기울여야 할 때다. 개교회적 '전도'에서 한 걸음 더 나아가 공교회적 '선교'를 할 기회를 맞이하였다고 볼 수 있다.

농촌선교는 구체적으로 농촌을 대상으로 하는 선교를 뜻하겠지만, 여기서 그 개념을 좀 더 확장하여 우리가 뿌리내리고 있는 밭을 기름지게 돌본다는 의미를 더해 봤으면 좋겠다. 농촌은 문화가 낙후되고 생계를 이어가기 힘든 실존적 현장이기도 하지만, 우리 모두가 뿌리내리고 있는 밭을 상징하기도 한다.

낮 꿈꾸기 - 상상

기후위기로 대변되는 이 난세에 하나님께서 예비하시고 남겨두신 수많은 하나님의 사람들이 하나둘씩 전면에 나타나기 시작했다. 그들은 그 누구보다 교회를 걱정하고 사랑하여 새벽마다 눈물로 기도

하던 사람들이다. 목회자들에게 의존하여 신앙 생활한다는 것이 더 이상 견딜 수 없을 만큼 답답해하던 이들이다. 그래서 세상과 단절한 개교회의 벽을 부수고 세상 밖으로 나아온 사람들이며, 그곳에서 만난 그리스도인들과 비로소 공교회성을 신앙고백하며 그리스도의 보혈로 가슴이 뛰는 희열을 맛볼 수 있었다.

그들은 이 세대를 본받지 않고 날마다 마음을 새롭게 하고자 하나님을 의지하는 사람들이다. 하나님의 선하시고 기뻐하시고 온전하신 뜻이 무엇인지 교회 안에서만이 아니라 도리어 교회 밖에서 해야 할 일을 찾고자 애썼다. 하지만 어디서 무엇을 어떻게 해야 할지 갈피를 잡지 못할 때 하나님은 그들에게 계시하셨다. "너희 몸을 하나님이 기뻐하시는 거룩한 산 제물로 드리라. 이는 너희가 드릴 영적 예배니라"(로마서 12:1).

하나님이 받으시는 영적 예배는 우리의 몸을 거룩한 산 제물로 드리는 것이라는 데에 주목하였다. 그래서 그들은 몸에 천착하였다. 먹고, 입고, 자고 거주하는 것에서 신앙고백을 담아내고자 했다. 그래서 그들에게 먹고 마시는 행위는 일종의 제의였다. "너희가 해 질 때에는 고기를 먹고 아침에는 떡으로 배부르리니 내가 여호와 너희의 하나님인 줄 알리라"(출애굽기 16:12). 몸에서 일어나는 먹고 마시는 사건을 통해 하나님을 알게 된 광야의 히브리인들처럼, 그들은 밥을 먹을 때마다 하나님에 관한 올바른 지식이 싹트게 되기를 갈망했다. 몸으로 예배를 드리는 그들의 삶은 먹을거리에 대한 관심으로 이어졌다.

먹는 행위를 거룩한 제의로 여기는 하나님의 사람들 덕분에, 소농들이 살아나기 시작했다. 하나님이 준비하신 사람들은 순식간에 한국교회의 풍토를 바꿔 놓았다. 몸으로 드리는 제사, 영적인 예배에 대한 각성이 생기자, 개교회 중심으로 하던 신앙생활이 평범한 일상 속에서 신앙 고백하는 풍토로 옮겨간 것이다. 본래 신바람 나는 민족 기질의 터에, 그동안 교회 안에서 답답한 채로 믿음 생활을 근근이 이어가던 수많은 믿음의 사람들에게 성령의 불이 옮겨붙자 한국교회가 하나가 되는 것은 시간문제였다. 목회자 중심의 개교회 신앙생활의 틀을 벗어나자, 성령의 불과 바람이 온 하늘을 뒤덮었다. 소농들이 살아나는 것은 물론이고, 하나가 된 한국교회의 집단지성은 우리 사회의 왜곡된 구조를 꿰뚫어 보았고, 우리 시대가 직면한 위기가 어떤 지점에 와 있는지 비로소 실감할 수 있도록 각성시켰다.

그 각성은 일단 먼저 우리 사회와 문화의 뿌리가 되는 농어촌부터 살리자는 데로 생각이 모였다. 농촌, 어촌, 산촌, 광산촌에서부터 마을 공동체가 자급자족하며 살아갈 수 있도록 하자는 것이었다. 지속 가능한 순환사회를 거기서부터 출발하다 보면, 하나님께서 또 다른 돌파구로 인도하실 것이라 믿었다.

농촌에 있는 교회들은 마을공동체의 구심점이 되었다. 생명의 삶, 영생의 삶, 지속 가능한 삶에 대한 영감을 끊임없이 제공하는 샘솟는 우물과도 같았다. 농촌이 살아나기 시작했다. 농촌은 어느새 사회의 안전망과도 같은 곳이 되었다. 과거엔 마지막 희망을 찾아 막장 속으로 들어갔다면, 이제는 귀촌, 귀농만 하면 되었다. 농사에 대한 가치가 어느새 가장 귀한 가치가 되어 농사에 종사하는 모든 이들이 최고의 대우를 받게 되었기 때문이다.

우리의 자녀와 젊은이들은 자기들만의 꿈을 맘껏 꿈꿀 수 있었고, 자신만의 재능을 발견하고 계발할 수 있었다. 꿈에 도전했다가 실패하여도 돌아갈 수 있는 엄마 같은 넉넉한 품이 있었기 때문이고, 그렇게 귀촌 귀농하더라도 자연의 순리에 따르는 삶을 최고로 인정해 주기 때문에 어떤 이유로도 실패한 인생이라 생각하는 이가 없었기 때문이다.

박세광 목사는 변방 강원도, 강원도에서도 변방 화천, 화천에서도 변방 부촌리에 살면서, 이 세상 모든 변방들이 살아나서 온 세상에 생명력 끼치기를 기도하는 목사이다. 어쩌다 농부가 되어 쌩 고생하며 맨날 징징대며 살고 있지만 속마음은 즐겁다.

주님을 내 중심에 모시고
내 영혼이 살아나고부터 죽이는 생각이 아니라
살리는 생각을 하고,
죽이는 말이 아니라 살리는 말을 하게 되었다.
그러자 변화된 목사의 모습을 통해
성도들도 변화되는 것을 보게 되었다.
'살아난 자가 살릴 수 있다'는 주님의 음성은
나를 비롯한 수항교회를 살리는 음성이었다.

생명 살리는 목회, 생명 살리는 교회

김성준 목사(평창 수항교회)

"양으로 생명을 얻게 하고 더 풍성히 얻게 하려는 것이라"

(요한복음 10:10).

은혜로 시작한 목회

2011년 3월 6일은 내 인생에서 잊지 못할 날이다. 신학대학원을 졸업하고 수항교회에서 담임전도사로 처음 예배를 드린 날이기 때문이다. 부푼 꿈을 안고 시작한 첫 목회는 감사로 가득했다. 산골이었지만 교회가 아름답게 건축되어 있었고, 어른 10명과 어린이 10명이 한 가족처럼 지내고 있었다.

이전까지 신학교 시절, 교사와 전도사로 있었던 교회들과 많은 부분 달랐지만, 예수님을 그리스도로 믿고 하나님을 예배하고자 하는 공동체의 모습만큼은 같았다. 나에게도 목회지가 있다는 것이, 그리고 함께 기도하고 함께 예배할 수 있는 보물 같은 성도들이 있다는 것이 참으로 기쁘고 감사하였다.

하루하루 주신 사명 감당하면서 교회를 교회답게 세우고 지역의 이웃들과도 관계를 맺고 지역교회로서 역할도 감당했다. 수항리 지역을 두루 다니며 전도하면서 행복한 목회가 이어졌다. 그리고 목사 안수 과정도 무탈하게 밟으며 진급하는 가운데 평생 반려자를 만나서 결혼까지 하였다. 수항리에서 목회는 매 순간이 은혜였고 설렘과 감사가 넘치는 시간이었다.

수항교회 부임 후 첫 예배(2011.3.6)

고난 가운데 깨달은 은혜

시간이 더해갈수록 교회도 조금씩 성장하면서 믿는 사람들도 이전보다 더 늘어나 교회와 목회가 더 풍성해질 줄 알았다. 하지만 목회 여정이 그렇게 쉬운 길이 아님을 하나님께서는 나에게 허락한 사랑하는 성도를 통해 알게 하셨다. 시골 비전교회를 담임하고 있는 갈급한 한 사람으로서 한 명이라도 빨리 수항교인으로 만들고 싶은 조급한 마음에, 매우 성급하게 도시에서 막 귀촌한 권사를 교회 임원(부장)으로 임명하였다. 그것이 교회와 담임목사 가정에 많은 어려움을 불러올지는 생각하지 못하였다.

그 권사는 교회 임원들을 자신의 집으로 불러 수항교회와 자신이 전에 다니던 대형교회를 비교하고, 도시 목사들의 설교 CD 영상을 나눠주며, 수항교회 목사와 도시교회 목사들을 비교하며 험담이 계속되는 가운데 교회 임원들의 마음도 요동하였고, 나를 대하는 태도가 달라진 교인들의 모습에 목사인 나도 자존감이 많이 떨어졌다.

어느 날은 성령께서 담임목사에게 나누라는 마음을 주셨다며 드릴 말씀이 있다고 자신의 집으로 나를 불렀다. 그는 수 시간이 넘도록 수항교회 목회 방향을 수정하라고 주장했고, 다른 교회 목사의 설교를 보여주며 내 설교의 변화를 요구하였다. 그리고 감리교회 '속회'를 '목장'으로 교체하고, 자신이 전에 출석하던 교회의 셀 세미나에 갈 것을 요구하였다. 이후에도 자신이 원하는 교회상으로 수항교회를 바꾸려는 시도가 끊임없이 이어졌고, 교회 임원들에게 교회를 위한다는 명목으로 후임 담임목사를 위해 기도하자는 전화 문자까지 보냈다는 이야기가 내게 들려왔을 때는 가슴이 무너지고 하염없이 눈물만 나왔다.

이런 일들이 반복되는 가운데 목회 초년생인 나는 어찌할 바를 몰랐고, 교회의 전반적인 목회 운영방침들이 점점 무너지게 되었다. 심지어 사례비 50만 원도 못 받게 되는 교회재정 현실에 부닥치게 되었다. 마침 그때 아내가 부인과검사를 위해 병원을 갔다가 단돈 5만 원이 없어 꼭 해야 되는 검사도 못 받고 오는 현실 앞에서 남편으로서 자존심이 무너져 내렸다. 이 일로 나는 일을 해서 돈을 벌어야겠다는 생각을 하게 되었다. 그해 연회에서 비전교회 교역자들의 이중직이 허락되었기에 가장 가까운 도시인 강릉에서 일할 수 있는 곳을 알아보았고, 새시(창틀)회사에 취직을 하게 되었다.

새벽기도가 끝나고 아침 6시에 강릉으로 출발하였다. 일은 많았지만 일손이 없어 야근을 해야 하는 날이 많았고, 밤 9시가 넘어서야 평창 진부에 도착하였다. 왕복 140Km가 넘는 거리였지만 부족한 생계를 책임져야겠다는 일념과 가족과 교회를 회복시켜야 한다는 마음으로 하루하루 견디고 버텼다.

하지만 30년이 넘도록 교회에서만 살았고, 교회에서 주는 장학금과 교회에서 주는 사랑만 받고 살았던 나로서는 세상에서 처음 경험하는 고된 일들이 매우 버거웠다. 성인 몸무게보다 더 무거운 유리를 쉴 새 없이 날라야 했고, 처음 하는 일이라 실수도 많아서 사장에게 혼도 많이 났다. 그리고 건축현장에는 위험한 일들이 많아서 몸을 다쳐 귀가하는 날들이 많았다. 또한 아침부터 저녁까지 산골에 혼자 있어야 하는 아내는 많이 무섭다며 눈물 흘리는 날이 늘어났다.

시간이 지나 월급날이 되었고, 통장에 120만 원이 입금된 것을 바라보며 내 눈에서는 눈물이 흘렀다. 그리고 수항교회 성도들 얼굴이 스치며 이런 생각을 하였다. "사랑하는 우리 성도들이 이렇게 힘들게 일해서 십일조헌금, 감사헌금을 하는 것이었구나, 이렇게 힘들고 녹초가 되는 가운데 새벽기도와 주일성수를 하는 것이었구나." 하나님께서는 내가 세상에서 일하는 시간을 통해 성도들의 마음을 알기 원하셨던 것 같다. 강릉에서 '김 목사'가 아닌 '김 대리'로 수개월 일하면서 성도들의 마음을 조금이나마 알게 되는 시간이었다. 성도들의 귀한 마음을 알고 나서부터 내 마음 가운데는 성도 한 명 한 명을 더 사랑하게 되는 은혜가 생겼다. 조금 힘들다고 불평하고 원망하고 비판하던 내 모습을 회개하였다.

그때부터 내 고난의 시간은 고난이 아니라 하나님의 은혜였음을 고백할 수 있었다. 나의 이 모습조차도 하나님은 변함없이 사랑하고 계시고, 이것들을 통하여 하나님께서 지금보다 더 크게 사용하실 것이라는 확신이 생겼다. 무너졌던 자존감과 자신감은 궁극적으로 하나님만이 회복할 수 있음을 깨닫고 더 하나님을 신뢰하면서 지금 내게 주어진 상황을 하나님께 감사하기 시작했다.

받은 은혜를 나눔으로

새시회사에서 또 한 가지 배운 것이 있다. 그것은 바로 창문틀 방충망 교체와 롤 방충망을 설치하는 것이다. 은혜를 받은 사람은 자신에게 있는 것을 어떤 방법을 사용해서라도 나누고 싶고 전하고 싶어 한다. 지금까지 지역전도와 선교는 담임목사 가정이 찾아가서 선물을 나눠주며 인사하는 것이 전부였다. 형식적인 인사로 끝나는 경우가 많았다. 하지만 방충망을 들고 가서 구멍 난 방충망을 교체해주니 그들이 원하는 필요가 해결되면서 진정으로 만족하고 기뻐하는 모습을 볼 수 있었다.

이제 지역에 전도하러 갈 때 차량에 항상 방충망 자재를 챙겨서 간다. 처음에는 목사가 이것을 할 수 있을까 하는 의심의 눈초리로 보지만 방충망 하나를 완벽하게 교체해주는 것을 보면서 다른 창문도 해달라고 요청하고, 옆의 이웃집에 사는 분들도 와서 구경하다 자기 집도 교체해 달라고 한다. 미안한 마음에 목사에게 수고비를 주겠다는 이웃도 있었지만 지금까지 한 번도 받지 않았다. 방충망 교체는 오로지 '주는 것으로 끝나는 나눔'이다. "이번 주 교회에 한 번 나오시지요." 이런 말도 하지 않는다.

그 어떤 조건 없이 수항교회가 나눌 수 있는 은혜를 나누고만 온다. 이 일을 통하여 수항교회는 수항교회만이 할 수 있는 사역이 생겼고, 선교의 지경이 넓어지는 경험을 하였다. 수항리 지역의 이웃들을 넘어 지방의 비전교회나 손길이 필요한 교회들의 찢어진 방충망을 교체해주고 있다. 받기만 하는 교회에서 이제는 줄 수 있는 것을 나누는 교회가 된 것이다.

교회는 없는 것을 나누려 하지 말고, 줄 수 있는 것을 나누면 된다는 것을 깨달았다. 수항의 교우들도 이렇게 나눌 수 있는 것들을 나누

마을 및 비전교회 방충망 교체 현장

다 보니 받을 때의 기쁨보다 줄 때의 기쁨이 더 크다는 것을 맛보기 시작하였다. 이제는 성도들이 먼저 교회 재정의 일부분을 방충망 나눔을 위해서 사용하자고 담임목사에게 제안한다.

그 이유는 수항교회를 통한 방충망 나눔이 하나님께서 우리에게 허락하신 사명인 것을 깨달았기 때문이다. 하나님께서 세우신 이 세상의 모든 교회는 '포이에마'(ποίημα)이다. 다시 말해 교회라는 존재는 이 세상에 하나밖에 없는 '하나님의 작품'이라는 뜻이다. 수항교회가 하나님의 작품으로서 방충망 나눔을 통해 하나님께서 사용하시는 교회라는 사실을 깨달은 뒤부터 교회를 바라보는 목사와 성도들의 마음가짐이 달라졌다.

“하나님이 손수 만드시고 지금도 공들이시고 계시는 하나님의 걸작품이 수항교회이다.” 이 신앙이 자리 잡히니 수항교회는 이 세상에서 절대 작은 교회(Little Church)가 아니라 하나님의 사명을 맡은 위대한 교회(Great Church)라는 믿음의 고백을 하게 되었고, 상품인생이 아닌 작품인생으로 살게 하는 은혜를 누릴 수 있게 되었다.

상품은 여러 개일 수 있지만 작품은 이 세상에 단 하나이다. 작품이 작품으로 살 때 행복하고 삶의 가치를 누리게 된다. 교회들과 성도들이 서로를 향하여 비교하는 의식 가운데 ‘우리 교회가 다른 교회보다 작다’고 생각하면 비참해지고, ‘우리 교회가 다른 교회보다 크다’고 생각하면 교만해진다. 그래서 비교는 절대 행복감을 주지 못한다. 성경 어디에도 사람이 많이 모이는 교회를 좋은 교회라고, 사람이 적게 모이는 교회를 부족한 교회라고 말하지 않았다. 그런데 사람들은 하나님의 가능성이자 꿈인 교회를 상품처럼 ‘좋다, 나쁘다’, ‘크다, 작다’로 비교하면서 교회의 존재 가치를 무시하면서 짓밟고 있다. 하나님께서 지금 나에게 허락하신 교회와 다른 교회를 비교한다는 것은 불행의 시작임을 우리는 깨달아야 한다.

생명을 살리는 목회의 시작

하나님께서 지금 이 순간 다른 목회자가 아닌 나를 수항교회에 부르신 목적이 있다고 확신한다. 그것은 “생명을 살리고 그 생명을 더 풍성하게 하기 위함"(요한복음 10:10)이다. 생명을 살릴 수 있는 존재가 되기 위해서는 먼저 내가 살아있는 존재가 되어야 한다. 내가 살아있는 존재일 때 다른 사람도 살릴 수 있다. 죽은 자는 아무것도 할 수 없다. 위에서 언급한 권사가 나만 보면 늘 하는 말이 있었다.

"목사님! 우리가 세상에서 얼마나 힘든지 아세요? 힘들어 죽겠어요." 공격적인 그 말을 들을 때마다 나도 너무 힘이 들었다. 그래서 그 권사에게 도움을 주고 싶어 새벽마다 주님께 간절히 기도했다. "하나님 어떻게 해야 합니까? 저는 방법을 모르겠습니다. 알려주세요." 그때 하나님께서 친히 나에게 해주신 말씀이 있다. "살려야 한다. 그러기 위해서는 네가 먼저 살아야 한다." 선명하게 들리는 그 음성에 어지러웠던 생각에 질서가 잡히고 불안한 마음들이 정화되기 시작하였다. 그리고 그 음성에 순종하여 살기 위해 주님을 더 붙들었다. 내 모든 것을 주님께 맡기며 내가 중심이 아닌 주님을 중심으로 살기 위해서 내 생각, 계획, 꿈 등 모든 것을 내려놓았다. 그리고 내 모든 것을 주님께 올려드렸다.

놀라운 것은 그때부터 주님께서 나를 통해 일하기 시작한 것이다. 주님을 내 중심에 모시고 내 영혼이 살아나고부터 죽이는 생각이 아니라 살리는 생각을 하고, 죽이는 말이 아니라 살리는 말을 하게 되었다. 그러자 변화된 목사의 모습을 통해 성도들도 변화되는 것을 보게 되었다. '살아난 자가 살릴 수 있다'는 주님의 음성은 나를 비롯한 수항교회를 살리는 음성이었다.

살리는 생각과 살리는 말을 통하여 살리는 행동으로까지 이어지게 되었고, 수항교회는 살리는 꿈을 꾸기 시작하였다. 죽은 것을 살리

수항교회 목회 방향 및 건물의 변천사

는 것은 하나님의 꿈이다. 하나님께서 자신의 아들을 이 땅에 보내신 목적이 그 꿈을 이루기 위해서이다. 교회가 하나님께서 주신 꿈을 꾸게 되니 방향이 설정되고, 조금은 느리지만 그 방향으로 한 걸음씩 전진하며 걸어갔고, 밟는 곳마다 생명이 살아나는 자들 가운데 관계회복이 일어나 그들의 삶이 더욱 풍성해지게 되었다.

목사인 나와 수항교회 성도들의 꿈은 같다. 그것은 '생명을 살리는 것'이다. 하나님께서 나를 부르신 목적은 예수님처럼 수항교회 교우들과 수항리의 뭇 영혼들을 살리고 풍성하게 하려는 것임을 믿고, 그렇게 끝까지 목회하며, 끝까지 주님의 몸된 교회를 세우기를 다시 한번 다짐해본다.

김성준 목사는 오직 예수로! 신실하게 진실하게 거룩하게 생명을 살리는 목사로 끝까지 쓰임 받기를 꿈꾸는 목사다.

시골교회

공동체를 이루었을 때
구성원들의 잔존능력을 제한하지 않고
더불어 일할 수 있는 공간을 준비하기 위해
몇 백 평의 땅이라도 먼저 구입할 예정이다.
함께 얼마간의 농사일을 하면서
친밀도 형성과 친환경적 거주공간을 스스로 가꾸어 가는
과정을 통해 더욱 건강한 공동체를 지향하고자 한다.
또한, 사회적 기업을 운영하고자 한다.

디아코니아 생활 공동체를 꿈꾸는 시골교회

이동규 목사 (화천 시골교회)

올해로 24년의 목회 생활을 해오며 지금도 여전히 머릿속을 채우는 질문이 있다. 먼저는 교회는 무엇 하는 곳인가, 다음은 교회는 답을 주는 곳이어야 하는가, 아니면 질문하는 곳이어야 하는가, 그리고 지금 교회는 이 물음에 제대로 대답하고 있는가?

그래서 우리는 신학을 공부했고, 공부하고 있고, 계속 신학을 공부해야 한다. 자신의 설교를 신학화할 수 있어야 하고, 자신의 신학을 설교로 풀어낼 수 있어야 한다. 그곳이 어디든 상관없다. 큰 규모의 교회이건, 작은 규모의 교회이건, 도시의 교회든지, 농산어촌의 교회든지 관계없이, 이 세상 속에서 교회공동체의 존재에 대한 신학적 고민은 반드시 필요하다. 교회에서 신학의 가치는 교회를 어떻게 성장시킬 것인가라는 방법론에 있지 않고, 교회의 존재 의의와 기준의 틀로서 작동할 때 그 가치가 있다. 곧 교회의 신학은 유기적 공동체의 지체인 그리스도인들이 개별화, 객체화, 주변화 하지않고, 한 사람 한 사람이 살아있는 성전인 하나님 나라의 주체로서 바로 설 수 있도록 이끄는 역할을 감당해야 한다.

그럼, 교회란 무엇 하는 곳인가?[1]

우리가 배운 대로 전통적인 교회의 표지는 이렇다.

첫째로, 교회는 하나이다(una). 이 교회의 통일성은 단일화나 획일화가 아니라 다양성 속에서 통일성을 의미한다. 이 일치는 세상의 인간적인 어떤 동일성에서 출발하지 않고 본질적으로 삼위일체 하나님의 일체성에 근거한다. 그러므로 교회는 세상적인 동질성이 만들어내는 유유상종의 온갖 분리와 분절과 차별과 장벽을 제거하고 성령의 하나 됨을 지켜야 한다. 다양한 삶의 조건들이 결코 교회의 하나 됨-오늘 우리가 경험하는 개인주의가 팽배한 교회론도 아니며, 전체주의를 지향하는 것도 아닌, 공교회성을 지닌 교회의 일치(ecumenism)-을 깨뜨리는 장애 요소가 될 수 없으며, 또한 되어서도 안 된다.

둘째로, 교회는 거룩하다(sancta). 교회의 거룩함은 그 근원이 하나님의 부르심에 있다. 교회는 성도들이 도덕적인 삶을 살아서가 아니라

1 이 부분은 장애인의 시선으로 교회론을 이해한 최대열의 "장애(인)신학의 교회론"을 참조하였다.

거룩함과 은총의 힘(시골교회제단)

하나님이 거룩하게 하셨기에 거룩하게 된 것이다. 그러므로 교회는 거룩함을 위해 항상 불의와 투쟁하며 성령의 역사를 구해야 한다. 교회는 세속적인 세계를 회피하거나 세속적인 성공을 거둠으로써가 아니라 하나님 나라를 추구해 나감으로써 그 거룩함을 드러낸다. 성도의 거룩함은 삶의 조건인 장애를 거부하거나 치유하거나 극복하는 데 있지 않고, 오직 전적으로 하나님의 구원의 은총에 있다. 그러므로 교회는 장애인과 함께 하나님 나라를 향해 거룩함을 추구할수록 드러나게 된다.

셋째로, 교회는 보편적이다(공교회적이다, catholica). 이 교회의 보편성은 오직 예수 그리스도 안에 있으며, 모든 교회는 열린 자세로 하나님 나라를 추구하는 데 있다. 교회는 민족, 국가, 인종, 계급, 성 등 특수한 관심으로 당파성에 묶여서는 안 된다.

넷째로, 교회는 사도적이다(apostolica). 사도가 예수 그리스도의 부활의 증인으로서 복음을 증언하도록 파송 받은 자인 것처럼 교회의 사도성 또한 예수 그리스도의 복음과 하나님의 나라를 선포하는 교회의 기초를 말한다. 이 사도성은 종의 형태를 갖는다. 사도들이 종의 형태로 파송 받았던 것처럼 교회 또한 세계를 섬기도록 파송 받았음을 의미한다. 교회는 항상 세계와 함께하며 특히 고난당하고 억압당하는 자들과 함께한다. 사도적 교회는 사회에서 다중의 고난을 당하고 있는 사회적 약자들에게 복음과 사랑을 전하며, 그들의 고난과 함께하며, 그들을 억누르는 억압으로부터 해방시켜야 한다.

이러한 표지들을 근거로 교회는 예배(leitourgia)와 교육(didachē), 선교(missio), 그리고 교제(koinonia)와 섬김(diakonia)을 실천한다. 이 교회의 4표지들과 5개의 실천들은 각기 독립된 별개의 것이 아니라 서로 맞물려 상호내재(perichoresis)하는 것이다. 이는 교회의 상태를 가리키는 개념인 동시에 또한 교회에 대한 요구이며 교회의 종말론적인 희망이다.

디아코니아란 무엇인가?

먼저, 신구약 성경에서 하나님은 세상에 대해 사랑으로 대하시는 분으로서 묘사된다. 이스라엘은 이집트의 종살이로부터 해방시키시는 분으로서 하나님을 경험하는데, 그는 스스로 약자와 도움이 필요한 자, 그리고 이방인에게 사랑과 돌봄으로 관심을 기울이신다. 그래서 이스라엘 법 규정에는 도와줄 의무가 명시되어 있으며, 따라서 예언서들은 이 규정이 지켜지지 않았을 때에 그들을 고발한다. 이 유대

전통에 서 계셨던 예수님도 "너희 아버지께서 선하신 것처럼 너희도 선하라"(누가복음 6:36)고 말씀하시며, 그의 전 삶과 죽음을 통해 인간을 향한 하나님의 사랑을 선포하셨다. 이 격려가 그를 따르는 모든 사람에게 이 사랑을 말과 행함으로 전파할 것을 요구하신다.

이웃사랑에 대한 중요 성구로는 세 본문을 들 수 있다.

① 유명한 '선한 사마리아인 비유'(누가복음 10:25~37)에서 예수님은 하필이면 그 청중들에게 그들이 인정하지 않는 사마리아 사람을 모범으로 제시하신다. 그들의 종교사회에서 고관인 제사장과 레위인이 보인 행동과는 정반대로, 이 사마리아인은 가던 길을 멈추고 그 강도 만난 사람을 응급처치하고 이어서 다른 사람에게 치료와 돌봄을 위탁한다. 그리고 그의 위탁이 제대로 이행되었는지를 확인하고자 한다. ② 세계 심판의 장면(마태복음 25:31~46)에서 이 마지막 때에 심판자 앞에 선 사람들은 그들이 굶주린 자에게 먹을 것을 공궤하고, 병든 자와 옥에 갇힌 자를 방문하고, 이방인을 기꺼이 받아들여 주었는지 대답해야 한다. 그 도움이 필요한 사람들에게 행한 것이 바로 나에게 한 것이라고 예수님은 말씀하신다. ③ 또한 사도바울이 고린도교회

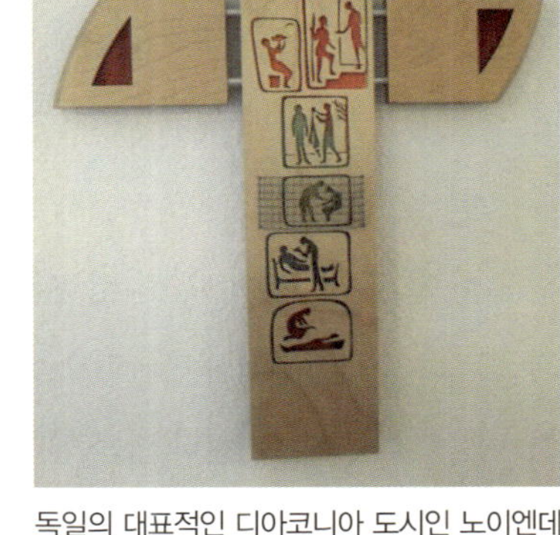
독일의 대표적인 디아코니아 도시인 노이엔데텔사우의 장애우들이 만든 디아코니아 십자가 – 마태복음 25장을 시각화하였다.

에 쓴 편지에 사랑이 충분하게 아주 잘 묘사되어 있다. 믿음과 소망보다도 사랑이 더 크다는 것이다(고린도전서 13장).

디아코니아는 헬라어 성경에 등장하는 단어로서 고대에 식탁에서 시중드는 일에 해당하는 말이었다. 본래 하인들이 담당하던 천한 직무에 쓰이던 이 단어가 초기 기독교에서는 다른 사람을 위해 스스로 낮아져서 봉사하는 일에 사용되었고, 그것은 비단 이웃사랑에 그치지 않고 교회 안의 모든 직분을 일컫는 말로 사용되었다. 그러니까 디아코니아는 처음에 하인들의 봉사의무라는 고대의 개념으로부터 신약성경의 자발적인 봉사로서 그 의미가 승격된 것이다.

이 개념은 사도와 더불어 교회의 지도력으로 등장한 구제를 담당하는 집사직에 사용되었고, 또한 예루살렘교회를 위한 고린도의 구제헌금에도 사용되었다. 예루살렘교회의 일곱 집사는 사회사업가가 아니라 선교사요, 교회개척자로 묘사되고 있다(사도행전 6:8~8:40). 그리고 마가복음 10장 45절에서는 예수님께서 자신을 디아코노스라고 명명하신다. 예수님은 종래의 선지자나 예언자들이 경고하거나 지시하던 것과는 다르게, 자신이 직접 목숨까지 바쳐서 감당하기 위해 오셨다. 그래서 예수님은 시키는 자가 아니라 섬기는 자인 디아코노스인 것이다.

고대교회는 디아코니아에 있어서 역사적인 근거를 가지고 있다. 그 하나는 이웃을 사랑하라는 예수님의 설교 말씀으로서 유대의 지혜와 예언의 모범에 해당하는 것이고, 다른 하나는 복음이 유대인만을 위한 것이 아니라 세상 모든 사람을 위한 것이라는 견해로서, 이것을 예수님께서 이방인과의 만남에서 나타내셨는데, 유대주의는 이를 거절하였다. 누구에게나 조건 없는 그리스도 교회로 초대하는 일이 발생한 것이다.

이 교회들은 방방곡곡에서 사회적 약자들에게 매력적이었다. 가장 오래된 섬김 실천은 예배 전후에 행한 교회 내의 공동식사로서 사회 각층에 해당하는 교우들에게 공동체성을 심어주었다. 그들은 가난한 자들과 곤경에 빠진 자들에게 실질적인 도움을 제공하였고, 돌보는 일과 예배, 그리고 상담을 상호 연결되었다. 교회를 이끌어가는 목사(주교)와 집사(디아콘)의 이중직은 바로 여기에서 유래한다.

3세기 초부터 가난한 자를 돌보는 일이 많은 교회에서 제도적으로 시행되었다. 교인들은 자원하여 재정을 감당하였는데 이를 통해 가난한 자들에게 주거지를 제공하고, 노인을 봉양하고, 품위가 손상되지 않을 수준의 장례식을 치러주었으며, 전도부인과 형제들, 그리고 대책이 없는 가정에 도움을 주었고, 보호가 필요한 교인들을 돌보았고, 광산에서 처벌로서 강제노동을 명령받은 자들을 지원해주었다.

이러한 구제행위로 고대교회는 당시의 비기독교 환경과 뚜렷이 구분되었는데, 이는 3세기의 눈부신 기독교 확장의 이유로서 언급되기도 한다. 사회적, 경제적, 그리고 교육적 차이를 무의미하게 만드는 기독교 공동체의 결속은 비기독교인들이 보기에도 이상적인 것으로 비추어져서 심지어는 로마의 지배세력조차도 놀라움과 함께 기독교를 그 사회의 지배이념으로 채택하려는 의도를 갖게 되었다.

4세기에는[2] 기독교인들의 구호시설들이 숙박소, 요양소, 그리고

2 4세기 이후의 교회의 디아코니아 사역에 관하여는, 남성현, 「병원의 탄생과 발전 그리고 기독교 영

이를 위한 행정기관들을 갖춘 광범위한 기구로 성장했다. 이러한 발전과 함께 기독교적 사랑의 행위에 대하여, 노동에 대하여, 소유의 부와 가난에 대하여 기독교적인 생각과 입장도 형성되게 되었다. 기독교인들이 보여준, 물질과 노동을 통한 헌신은, 그동안 일반적으로 자유의 억압이나 노예상태라고 부정적으로만 여겨졌던 육체노동에 대해서도 정반대의 긍정적인 면을 보게 되는 계기를 마련해 주었다. 후기 중세기의 경건운동에서는 부분적으로 디아코니아 이상에 대한 재발견이 일어났는데, 초기 중세기 때 잃어버린 손실들을 애도했던 것이다.

루터의 신학을 통해 공덕사상이 극복된 부정적 영향으로서 16세기 이후에도 디아코니아에 있어서 근본적인 새 시대는 열리지 않았다. 17, 18세기에 이르러 경건운동의 대표적 인물 중 하나인 헤르만 프랑케는 고아원과 학교들을 설립하여 개인의 문제와 사회의 문제를 동시에 해결하려는 디아코니아를 실천하였다. 무엇보다 루터를 포함한 종교개혁 진영의 공헌은 사회적 약자를 돌보는 행위를 공로 사상이 아니라 시민의 덕목과 그리스도교의 공동선을 위한 의무로 이해하기 시작했다는 것이다.

19세기는 현대 디아코니아의 기초들이 세워진 특별한 시기이다. 산업혁명과 더불어 발생하는 많은 사회적 문제들에 신앙적 실천을 통한 대응책이 등장한 것이다. 먼저 손꼽아야 할 인물로는 가정형태의 고아원을 개발, 보급하는 사회적 베풂을 통해서, 이미 기독교사회이지만 복음의 영향을 받지 않은 채 살아가는 많은 기독교인 국민들을

성의 역할 – 4세기에서 19세기까지 기독교 사회복지의 역사에 대한 연구」를 참조하라.

각성시키려는 '내적 선교' 운동을 개시한 요한 힌리히 비헤른(Johann Hinrich Wichern)을 들 수 있다. 그리고 고대의 여성 디아콘 제도를 직업으로서 부활시킨 플리드너(Fliedner) 부부, 가난한 자와 환자 돌봄을 위한 협회를 만든 아말리에 지베킹(Amalie Sieveking), 사도행전 시대에 이행되었던 역할들을 모델 삼아 교회공동체의 이상을 구현한 작은 도시 노이엔데텔사우를 건설한 빌헬름 뢰에(Wilhelm Loehe) 등이 있다.

그러므로 디아코니아는 협소한 사회적 과제 영역에만 관여하는 것을 지칭하지 않는다. 다시 말해, 인간에게 적절한 사회·경제 질서 수립과 사회 안에 "보존되어야 하는 자원", 유지되어야 하는 관계의 촉진, 그리고 사회적 정치적 상생을 위한 기여에도 관심을 기울인다. 이와 함께 가족, 부부, 지속적인 삶의 공동체, 사회적 안전망, 이웃 간의 도움, 자원 봉사적 행위 같은 포괄적인 삶의 관계를 중요시한다. 이렇게 사회안전망을 형성해 나가고 사회의 필연적 변화에 대해 함께 모색하는 것은 적지 않은 의미를 가지고 있다.[3]

그러므로 하나님 나라의 실현을 위해 이웃의 상황과 처지에 당연히 관심을 갖는다. 바로 그 이웃을 향한 관심이 디아코니아의 시작이다.[4] 그러므로 디아코니아는 하나님나라의 내용이며, 선교의 내용이다.[5] 예수 그리스도는 이 땅에 "섬기기 위해 오셨다"(마태복음 20:28)고 말씀하셨다. 또한 제자들과 마지막 만찬을 하시며 일어난

---

3 독일개신교연합(EKD), 「디아코니아 신학과 실천 : 가슴과 입, 행동, 그리고 삶 - 디아코니아의 근거, 과제 그리고 미래적 전망(개신교 백서)」 홍주민 역, (청주: 한국디아코니아연구소, 2009) p.77.
4 독일개신교연합, 「디아코니아 신학과 실천 "가슴과 입, 행동 그리고 삶"-디아코니아의 근거, 과제 그리고 미래적 전망(개신교 백서)」 홍주민 역, (청주: 한국디아코니아연구소, 2009) p.31.
5 이범성, 『에큐메니컬 선교신학 II - 실천이론 편』(서울: Dream & Vision, 2016) p.182.

다툼 가운데에서도 자신을 “시중드는 자”(누가복음 22:27)로 스스로 낮추셨다. 디아코니아는 교회의 부수적 활동프로그램 중의 하나가 아니라 신앙의 열매이다(요한복음 15:5). 곧 디아코니아는 교회의 본질로서 우리에게 주어진 사명이라는 생각의 전환이 필요한 때이다. 결국 디아코니아는 연속적인 하나님의 선교에 참여하는 교회들의

사랑이 가득한 시골교회 전경

첫 번째 과제임이 분명하다.

디아코니아는 먼저 예배하는 교회 안에서 봉사공동체를 이루며, 그 예배의 능력이 세상 속으로 침투되어 살아있는 예배로서 사회봉사 활동이 되어야 한다. 그렇게 될 때에 교회는 알렉산더 슈메만의 말처럼 "세상에 생명을 주는 예배"를 드리게 되는 것이다. 하나님 예배에

대한 종교의식적인 의미는 약자를 돌보며 정의를 실천하는 것과 동등한 가치를 가진다. 하나님을 섬기는 예배는 사회적 약자들을 돌보는 정의로운 봉사 행동이 수반될 때 진정한 예배가 된다(아모스 5:21~24). 거룩하신 하나님을 예배하는 자녀들의 거룩함은 바로 일상에서 이웃에 대한 사랑의 행동을 실천하는 것이다(레위기 19:2, 19:11~34).

위와 같은 신학적 근거와 지향점을 가지고 시골교회는 2019년에 화천에서 개척하였다.

1. 시골교회는 디아코니아(Δίακονια)공동체를 꿈꾼다.

섬기는 자로 오신 그리스도(마가복음 10:45)를 따라 서로 섬기는 공동체가 되고자 한다. 섬김은 일방적이지 않고 상호보완적이다. 섬기는 주체와 섬김을 받는 객체가 따로 있는 것이 아니라 서로 섬기는 자가 되기를 소망한다. 누가 누구를 위하는 구조가 아니라 함께 살아가는 섬김의 공동체가 되기를 원하는 것이다.

2. 시골교회는 수도(修道)공동체를 꿈꾼다.

신앙(영성)의 함양과 그리스도인다운 삶의 실천을 이루어 가는 공동체가 되고자 한다. 온전히 섬기는 일을 감당하려는 것에 든든한 영성의 받침이 더해져야 한다. 영성 없는 섬김은 사회활동에 그치고 말 것이며 쉬 지치게 될 것이다. 반면 섬김 없는 영성은 자기만족에 머물고 말 것이기에 늘 깊은 샘에서 물을 길어 올려야 한다.

3. 시골교회는 치유공동체를 꿈꾼다.

우리의 나약함과 아픔과 고통과 불편함을 더불어 보듬어 안고 싸매어 가는 공동체가 되고자 한다.

교회를 개척하면서 짧게는 3년, 길게는 5년 정도의 준비과정이 필요하겠다고 생각을 했다. 가장 큰 이유는 경제적인 부분이었다. 현재의 건물이 오래전에 지어지기도 했고, 생각한 대로 공동체를 만들어 가기에는 보완해야 할 물리적인 여건이 많이 부족했기에 그런 일들을 스스로 해결하기 위해서는 시간이 필요했다. 그래서 나는 주중에는 한옥을 전문으로 하면서도 일반 경량 목조주택을 짓는 일을 배우면서 경제적인 부분도 채울 수 있는 일을 하고 있으며, 아내 역시 군부대의 취사반에서 민간인 조리사로 일하며, 공동체를 꾸렸을 때의 필요와 준비를

① 치목현장
② 구들작업
③ 한옥의 서까래 올리는 중
④ 한옥 건축현장(경북 안동)

위해 일하고 있다.

먼저, 공동체를 이루었을 때 구성원들의 잔존능력을 제한하지 않고 더불어 일할 수 있는 공간을 준비하기 위해 몇 백 평의 땅이라도 먼저 구입할 예정이다. 함께 얼마간의 농사일을 하면서 친밀도 형성과 친환경적 거주공간을 스스로 가꾸어 가는 과정을 통해 더욱 건강한 공동체를 지향하고자 한다. 또한, 사회적 기업을 운영하고자 한다. 이를 통해 구성원들의 자립을 꾀하며 자존감을 유지하고 나아가 주변의 독거 어르신들의 일자리 창출에 도움이 되고자 한다.

현재 시골교회에서는 작지만 다양한 작물의 친환경유기농사를 하고 있으며, 건강한 식생활에 관심을 가진 이들이 꾸준히 찾아오는 쉼터와 같은 역할을 하고 있다. 장애인 한 분과 함께 생활하고 있다. 이제 최소한 2023년이 되면 시골교회에서는 장애인·독거노인 등과 같은 사회적 약자들과 공동으로 생활하는 공동체가 될 수 있기를 바라며 일하고 있다. 무엇보다 시골교회는 누구를 위하여서가 아니라 서로 함께 살아가는 공동체로 우리 모두의 자유 공간으로써 교회공동체가 되기를 소망한다.

이동규 목사는 실천신학대학원대학교에서 "기독교대한감리회 사회신경에 대한 디아코니아 신학적 이해"를 주제로 Missio & Diakonia Ph.D 학위를 받았고, 요즘은 생계도 꾸리고 목회를 구체화하는 준비로 온돌방 구들을 열심히 배우고 놓아주며, 집 짓는 일을 하고 있다.

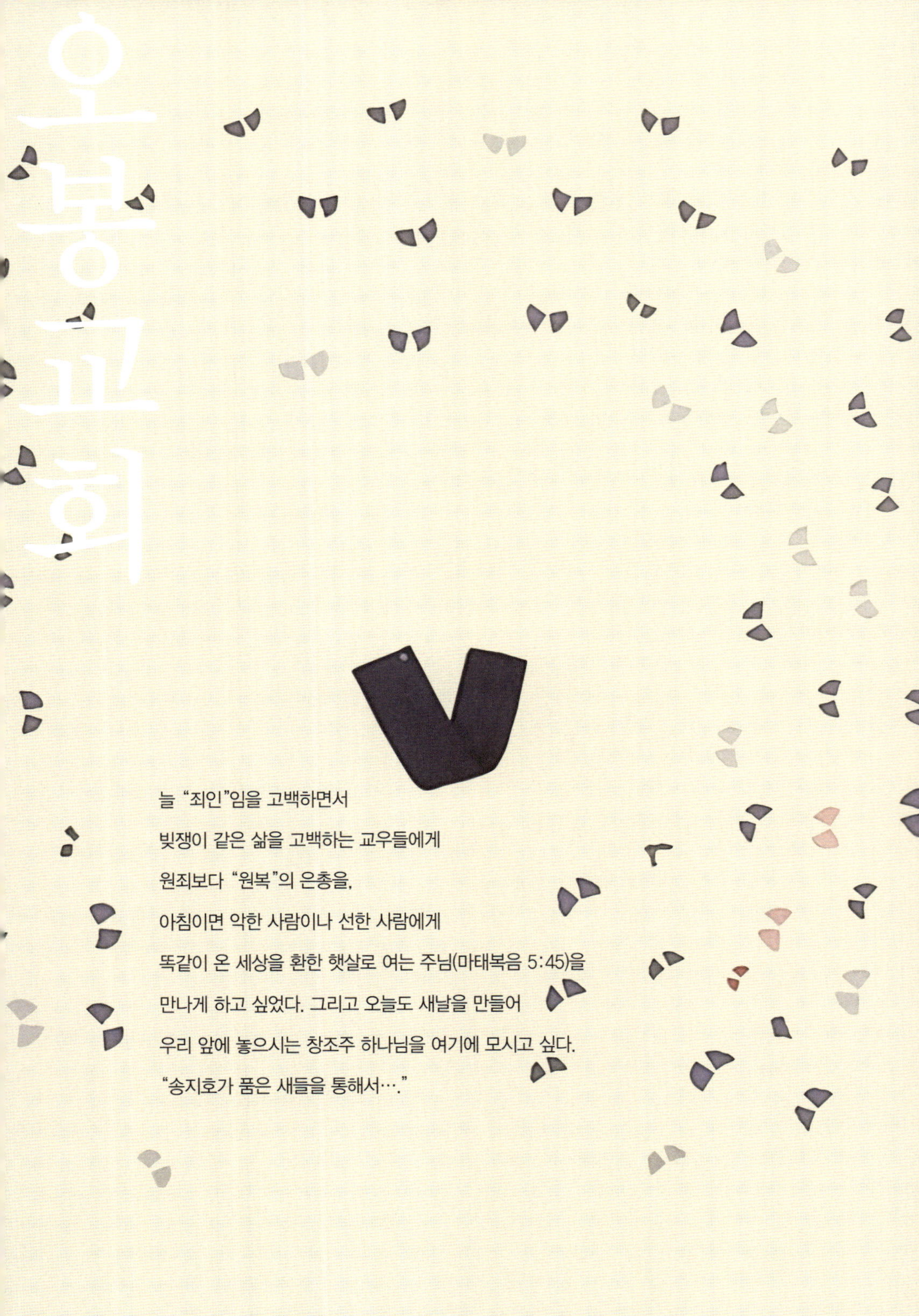

늘 "죄인"임을 고백하면서
빚쟁이 같은 삶을 고백하는 교우들에게
원죄보다 "원복"의 은총을,
아침이면 악한 사람이나 선한 사람에게
똑같이 온 세상을 환한 햇살로 여는 주님(마태복음 5:45)을
만나게 하고 싶었다. 그리고 오늘도 새날을 만들어
우리 앞에 놓으시는 창조주 하나님을 여기에 모시고 싶다.
"송지호가 품은 새들을 통해서…."

새(bird, new)로 보는 목회이야기

장석근 목사(고성 오봉교회)

Ⅰ. 들어가며

산, 바다, 호수가 연결된 오봉마을에서 1984년부터 목회하며 강이나 저수지가 없어서 오직 하늘에서 내리는 비로만 농사를 짓는 천수답(天水畓)의 마을 농부들과 계절마다 호수에 나고 드는 새들을 보면서 자연(自然)의 신비함을 깨달았다. 오직 하늘에 의지해서만 농사를 짓고, 오직 자연의 흐름새(rhythm)에 따라 계절마다 오가며 사는 새들을 보며 나는 점점 자연흐름새에 내 삶(목회)을 넣으려 애썼다. 여기서는 "공중 나는 새를 보라"(마태복음 6:26) 하신 주님의 말씀에 따라 ① 새를 통(通)하여 말씀을 다시 읽고 ② 하늘(自然) 흐름새로 꾸리는 목회

여정을 살핀다.

Ⅱ. 새를 통하여

1. 철새도래지 송지호를 품은 왕곡마을(오봉리)

내가 목회하는 곳은 동쪽 금강산 끝자락에 있는 송지호를 품고 있는 마을이다. 7천 년 전에 바다에 의해서 생겨난 자연호수, 석호(lagoon)인 송지호와 다섯 산봉우리로 둘러싸여 오봉(五峰)이라 부르는 60여 가구 남짓한 작은 농촌 오봉리(里) 왕곡마을이다. 그 다섯 가운데 제일 큰 봉우리 끝자락에, 주님 발치에 무릎 꿇어 기도하듯 교회가 있다. 한양에서는 독립만세운동이 물밑에서 출렁일 그즈음, 1919년 봄, 20리가 넘는 거리의 간성교회(남감리교지역 원산지방)에 다니던 교우 한 분(김정섭 속장)이 무릎 꿇어 기도함으로 야소교, 오봉교회가 세워진다. 전도부인들, 김대섭, 이용도, 박재봉, 쿠퍼 선교사를 비롯해 수많은 목회자와 그리스도인들의 무릎기도로 신앙의 등불을 끄지 않고 이어 오다가 1984년 내가 이 교회로 왔다.

늘 "죄인"임을 고백하면서 빚쟁이 같은 삶을 고백하는 교우들에게 원죄(original sin, 어거스틴)보다 "원복"(original blessing 매튜 폭스)의 은총을, 아침이면 악한 사람이나 선한 사람에게 똑같이 온 세상을 환한 햇살로 여는 주님(마태복음 5:45)을 만나게 하고 싶었다. 그리고 오늘도 새날을 만들어 우리 앞에 놓으시는 창조주 하나님을 여기에 모시고 싶다. "송지호가 품은 새들을 통해서…."

2. 송지호의 새들

"현재 많은 그리스도인들이 훌륭한 구속교리를 믿고 있다. 그러나 창조에 대해서는 더 나은 교리가 필요하다는 생각이 든다. 우리는 자연사 중 최소한 한 분야를 깊이 파고들어야 한다. 오랜 세월 동안 나는 새로운 학문 분야를 개발하려고 노력했다. 한 친구와 나는 이 분야를 익살스럽게 불렀다"(Jhon R. W. Stott).

'조류신학' (orni−theology) **혹은 '새의 신학'** (the theology of birds)

오늘 이 짧은 글은 존 스토트가 쓰지 못한 "새의 신학" 그 첫걸음으로 "새(鳥)로 보는 목회 이야기"가 될 것이다. 우리 마을에서 내다보이는 송지호에 철마다 온갖 새들(철새, 텃새, 나그네새)이 찾아온다. 주로 물을 근거로 하는 새들이 온다. 찬찬히 눈여겨볼수록 새롭고 놀랍고 궁금한 게 많아진다. 새들은 어디서 와서 어디로 가는 걸까? 어떻게 나는 걸까? 무엇을 먹고살까? 냉장고는? 집은? 이제 새들의 이야기와 목회, 우리 삶을 마구 견주어 볼 이야기, "새(bird)로 보는 목회", "새로운(new) 삶"이 될 것이다. 사람에게도 중요한 것이지만 새들에게도 꼭 필요한 의식주를 살핀다.

3. 새의 옷(衣)·밥(食)·집(住)

"의식주"(衣食住)

이 3가지는 새나 우리나 살아가는 데 꼭 필요한 것이다. 이 가운데 우선순위를 매기라면 각각 다른 대답을 한다. "식주의" "식의주" 순으로 "식"(食, 밥)은 1등을 놓치지 않는다. 아마 새들에게 물으면 당연히 "의식주" 순으로 "의"(衣, 깃털)를 1등으로 답했을 것이다. 그런데 왜 우리는 새들에게나 어울릴 것 같은 "의식주" 순으로 말해 왔을까?

사람들도 새처럼 훨훨 자유롭게 날고 싶어서 "의"(衣, 깃털)를 앞세웠나? 우리말에 "옷이 날개야"라는 말이 있다. 아마도 이 말은 집 있고 먹고 살만한 여유 있는 자들의 입에서 나온 말인가? 강을 건너거나 계곡을 넘을 때 이곳에서 저곳으로 쉽게 움직일 수 있는 새처럼 날고 싶어 "의식주" 순으로 말해 왔는지도 모른다.

1) 깃털(衣)

새들에게 깃털(날개옷)은 생존과 관련이 깊다. 먹이를 찾아 이동하거나 포식자를 피하여 날 때, 추운 밤에 몸을 보호할 때 날개옷이 없으면 살아남을 수 없다. 견디기 어려운 추운 날씨엔 깃털을 부풀려 깃털 사이에 공간을 만들어 체온을 유지한다. 그래도 추우면 서로 몸을 붙여서 추위를 견딘다. 새들은 평생 한 벌 옷으로 산다. 가끔 한 번씩 갈아입기는 하지만 그 옷은 스스로 몸의 영양분을 통해 만든다. 특히 새들에게 옷을 갈아입는 것(털갈이)은 가장 위험한 시기 가운데 하나여서 몸의 영양상태가 좋을 때를 택한다. 새들마다 깃털의 문양도 다양하게 만든다. 무늬와 모양은 어떻게 그리는지? 신비롭기만 하다.

암컷들은 알을 품을 때 포식자들의 위협으로부터 안전을 위해 주변의 색과 어울리는 수수한 옷으로 입는다. 암컷에게서 선택을 받아야 하는 수컷들은 더더욱 화려한 깃털을 만든다. 그렇게 만들어지는 화려한 깃털은 제 몸의 많은 영양분으로 만들어진다. 그러고도 어떤 새들은 구애를 위해 암컷 앞에서 깃털을 펼쳐 보이기도 하고 춤을 추기도 한다. 짝을 찾기 위해 깃털 만들기에 피나는 노력을 기울인다. 이 세상에 공짜는 없다. 그렇게 입는 옷도 새들은 가끔 털갈이는 하지만 단 한 벌뿐이다. 제자들을 세상에 보내면서 "두 벌 옷을 입지 말라"는 주님 말씀(마가복음 6:9; 마태복음 10:10; 누가복음 9:3)이 떠오른다.

2) 먹이(食)

철 따라 움직이는 새들의 이유를 대부분 학자는 먹이 때문이라고 본다. 송지호에 오는 겨울 철새들 대부분은 시베리아나 캄차카반도에서 날아온다. 겨울이 되면 그곳은 꽁꽁 얼어서 물새들은 먹이 활동을 할 수 없어 겨울 동안 얼지 않는 동해안 석호인 송지호에 와서 추운 겨울을 지내다가 돌아간다. 주로 물고기나 어패류, 식물의 뿌리를 먹이로 한다.

새들은 모두 나가서 스스로 먹이를 찾아 먹는다. 아무리 먹이(물고기)가 많아도 거기서 한 끼를 알맞게 먹는다. 알맞게 먹는 이유는 많이 먹으면 몸이 무거워 날기 불편하고, 적게 먹으면 기운이 모자라 포식자가 나타났을 때 민첩하게 움직이지 못하여 목숨이 위험할 수도 있기 때문이다. 끝없는 욕망을 부추기는 자본주의 시대에 욕심이 잉태하면 죽는다(야고보서 1:5)는 말씀과 광야에서 만나를 하루분만 주워오라(출애굽기 16:16)는 하나님의 말씀을 새들을 보면서 깊이 새긴다.

3) 집(住)

새들에게 집은 단순한 집(宙, 집주)이라기보다 알을 낳고, 품어, 새끼를 낳아 키우며 살아가는 데 꼭 필요한 집(住, 살주)이다. 사람처럼 도끼나 망치, 톱 같은 도구 없이 새들은 부리와 발가락으로, 그리고 온몸으로 집을 짓는다. 자기 집은 자기가 스스로 짓는다. 아주 정교하게 짓는다. 재료는 주변에서 구할 수 있는 것으로 쓴다. 집의 형태와 위치는 사는 양식에 따라 여러 곳에 다양한 형태로 짓는다.

물닭이나 물꿩은 수초들이 자라는 물 한가운데 짓고, 물총새나 청호반새는 산사태가 난 높은 절벽에 구멍을 내어 짓는다. 백로, 왜가리들은 나무에 짓는데 왜가리는 한 나무의 제일 위쪽에, 중대백로와 쇠백로는 같은 나무에 차례로 내려 짓는다. 흰뺨검둥오리는 물이 없는 갈대와 억새들이 들어선 언덕 풀숲에 짓고, 원앙은 오래된 높은 나무에 썩어 만들어진 큰 구멍에 집을 짓는다. 집의 위치는 새끼를 키우기 위해 먹이를 구할 수 있는 가까운 곳이어야 하고, 무엇보다 새끼를 키우기에 안전한 곳이어야 한다. 새끼를 다 키우고 나면 대부분은 그 집을 다시 찾지 않는다. 집은 그런 것이다. 사람들도 아이들을 다 키우고 나서 큰 집이 필요할까? "하나님께서는 사람의 손으로 지으신 건물 안에는 거하지 않으신다"(사도행전 7:48)는데, 사람들은 왜 그렇게 집에 집착할까?

Ⅲ. 하늘(自然)의 흐름새(rhythm)에 몸을 싣는 목회

우리 마을에서 내다보이는 송지호에는 철마다 온갖 새들이 깃든다. 새들은 때를 따라 자리를 옮겨 다니며 사는 철새들도 있고, 한 곳에 터를 잡고 평생 사는 텃새들도 있다. 철새나 텃새의 똑같은 점이 있다면 "**하루를 천년처럼**", "천년을 하루처럼"(시편 90:4; 베드로후서 3:8) 사는 것이다. 새들은 하루 양식을 위해 열심히 일한다. 그리고 쌓지도 않고 그날그날 일한다. 광야의 백성들처럼…. 새들의 옷(衣), 밥(食), 집(住)을 살피면 사람은 부끄러울 뿐이다. 오롯이 주님의 말씀대로 사는 새들을 보며 목회(삶)를 그린다.

새들의 하루처럼
나도 이 하루를 그리는 목회를 하고 있다.

새들의 하루살이에서 창조주 하나님의 오묘함(창조영성 : C. Westermann. M. Fox)에 날마다 놀라며 산다. 그 하루는 주일날이며, 일주일(한 달, 일 년)을 그 하루처럼 살도록 그린다. 그래서 오늘 여기서 누리는 지금 이 순간이 소중하고 고마울 따름이다. 그런 하루가 어제와 오늘, 내일로 이어져 1년이 되고, 천년도 될 것이다. 아니 이 하루 속에 1년이, 천년이 담겨 있다. 생명을 가진 모든 것은 이런 공간과 시간 속 흐름새(rhythm)로 하루하루를 살다가 시공간을 넘어서는 깨침의 순간을 은혜로 누릴 수 있다. 들숨 날숨과 같은 하나님의 흐름인 **이 하루에 몸을 실**

으면, 오늘, 천년을 산다.

① "**오봉의 하루**"를 위해 하루(日), 주(週), 달(月), 해(年)의 흐름으로 달려가 본다.

② 그리고 계절의 변화와 그 주의 말씀 담긴 예배당 제대공간을 살핀다.

1. 햇살로 사는 주일날(日) 하루의 흐름(rhythm)

1) 말씀 나눔(예배1)

오봉교회는 주일이 되기 전에 깨끗하게 예배당을 청소하고(**맑은 자리위원회**), 나이 많은 권사님은 산자락과 들을 다니며 한 주 내내 눈여겨 보아두신 들꽃을 제대에 올리고(**들꽃위원회**), 겨울철에는 화분에 꽃을 길러 꽃을 피워 제대에 올린다. "예배를 위한 기도"를 맡은 교인은 한 주 내내 기도 준비를 한다. 어느 교우는 "예배를 위한 기도"를 써서 틈틈이 되풀이해 소리 내어 기도하니, 초등학교 다니는 아이가 "엄마! 우리도 다 외우겠어요."라고 한다. 그래서 가족이 모두 웃었지만 '행복하다' 고 말했다.

그렇게 모두 모두 준비하여 모인 주일예배, 준비로 같은 마음은 이미 옥토 되어, 드리기 전에 벌써 은혜로 가득하다. 예배와 봉헌 위원은 예배가 시작되기 전에 방석을 깔아 놓고 오는 이들을 웃는 얼굴로 맞는다(**예배위원회**). 절기 때는(**남·여선교회**에서) 물론, 가끔 특별한 날(먼데 사는 아들네 가족이 오거나, 결혼기념일 : **특별한 날 기억하는 위원회**)을 맞는 가정에서는 "특별 찬양"을 올린다(**늘 노래해 위원회**). "성서"는 함께 읽고, 서로 밝은 얼굴로 인사한다. 이미 햇살로 만들어진 완전한 식품인 사과나 상추에 묻은 흙을 씻어내듯 말쑥하고 짧게 주일 낮 한 번 "말씀 증언"을 한다.

그리고 "함께 나누는 오봉 이야기" 순서에는 서로 나누는 기쁜 소식, 기도 제목, 알림 등 한 주간 있었던 얘기를 나눈다(**모든 위원회**). 이어서 마음 깊숙이, 누구에나 내리시는 자비하신 햇살 기운이 닿도록 "서로를 위한 기도"(침묵)가 우리 모두를 가득 채운다. 그리고 "축복의 선언"이 이어지고, 안아주는(hug) 인사로 따스한 마음을 나눈다.

2) 밥 나눔(성찬=성만찬: 예배2)

예배의 두 기둥(말씀과 밥) 가운데 하나, 밥은 거룩한 만찬(=성만찬)으로 예식을 넘어 실제 밥을 나누는 소중한 의식(ritual)이다. 밥은 여선교회원이 중심이 되어 준비하고(**밥상공동체 위원회**) 때때로 교우들 가운데 덤으로 음식이 보태져서 날마다 넉넉하고도 여러 사람의 마음과 손맛을 나누게 된다. 온 교우가 둘러서서 "밥기도"를 올린 후, "밥노래"를 부르고, 때로 밥노래를 먼저 부르고 이어 오봉 밥기도를 올린 다음에 밥을 나누어 먹는다. (성)만찬 끝나면 (성)찬기(그릇) 설거지는 남자들이 한다(**설거지 위원회**). 차는 그날 곱게 차려입은 이의 특권으로 설거지하는 남자들로 시작하여 모두에게 나눠진다.

① 밥상공동체 위원회

"빵과 포도주"를 떼고 나누며 나를 기념하라(누가복음 22:19) 하신 주님의 말씀에 따라 예전의식으로만이 아니라 하루 세끼 "밥과 물"을 먹고 마시며 세상을 살리는 일꾼(peacemaker)으로 살도록 한다. 이 일은 어머니 마음(母性)을 지닌 이들이 준비한다. 처음에는 남녀가 돌아가면서 했으나 남자들이 하도 꼼지락거려 여인들이 하겠다고 스스로 나섰고, 그럼 남자들은 '설거지하자' 하니 모두 "**좋아**"하여 그리되었다.

② 밥기도: 오봉교회 밥기도

한 방울의 물에도 하늘과 땅이 어울려 있고, 한 톨의 낟알에도 온갖 숨결이 담겨 있으니 이 밥을 고마움으로 받습니다. 가난한 이웃을 그리며 많은 가운데서도 알맞게 떠서, 천천히 꼭꼭 씹어서 공손히 먹겠습니다. 이 밥이 우리를 살리듯 우리도 세상의 밥이 되겠습니다. 우리의 밥이신 예수 그리스도 이름으로 - 아멘.

③ 밥노래1(떼제찬양): Where charity and love are, God is there.

④ 밥노래2(Nakada Ugo작사 Aron Wiliams 작곡)

♪날마다 우리에게 양식을 주시는

은혜로우신 하나님 참 감사합니다.♪

⑤ 설거지위원회

남자들이 설거지하는 모습을 바라보며 “장차 이 나라가 어찌 될꼬?” 하고 망설이며 점잖빼던 남자 교우들도 한발 한발 들여놓아 동네 우물가처럼 설거지 판은 왁자지껄하고, 설거지 놀이는 행복하다.

3) 한 주일의 삶을 위한 1시 모임

오전에 받은 말씀에 기대어 한 주일 살 **기도제목 올리기**(12시 공동식사가 끝나고 1시 모임에)

마시던 차를 들고 소나무 그늘, 혹은 대나무, 처마 밑 등 둘씩 셋씩 못다한 얘기를 나누다가 1시쯤에 교회로 모인다. 둘러앉아 손바닥만한 쪽지에 그 주일 날짜와 이름, 그리고 기도 제목을 반쯤 나누어진 두 곳에 똑같이 쓴다. 그래서 쪽지 하나는 기도 바구니에 넣고, 다른 하나는 자기가 갖는다. 돌아간 바구니는 하나님께 올려져 모두 그 기도 제목을 위해 함께 기도하고, 다시 돌려질 때 하나씩 뽑아 든다. 그 때 뽑은 기도 쪽지는 내 기도와 함께 한 주간을 같이 기도해주어야 하는, 내가 그의 기도 천사가 되는 것이다. 중간에 핸드폰 문자나 톡으로 점검도 하고, 지지도 하여, 서로 새로운 든든함과 행복함을 느낀다. 뽑은 기도 제목은 릴레이처럼 이어지면서 받은 은혜와 더불어, 왜 이런 기도 제목을 올리게 되었는지 풀어 보여, 내 기도 천사가 초점을 흐리지 않고 기도하도록 핵심을 얘기한다.

4) 1시 모임이 끝나면 각 위원회 활동은 자연스럽게 이뤄진다.

5) **부부탐구**

생명살림위원회로 이어지는 주일 오후는, 밭에서 일하고, 저녁까지 먹고, 어둠이 밀려오면 모닥불에 둘러앉아 각 가정의 깊은 얘기들을 풀어놓는다. 한편에서 아이들은 사랑방에서 책을 보거나, 별빛 가득한 숲에서 고라니, 소쩍새 울음소리를 내며 논다. 그리고 그날 밤은 가벼운 맘으로 돌아간다.

2. 주일 하루(말씀, 기도 제목)를 7일 내내 사는 주(週)의 흐름(rhythm): (예배3)

하나님의 리듬에 따라 사는 오봉교회의 중요한 시간은 주일날 하루 한 번 받은 말씀으로 일주일 내내 잊지 않고 몸으로 살도록 한다. 그래서 설교는 주일날 11시 한 번뿐이지만 예배는 일주일 내내 계속된다. 그래서 일주일의 삶을 "예배3"이라 한다.

1) **수요일**(되새김remind의 날)

주일 하루 받은 말씀으로 3일을 살다가, 저녁에 모여 받은 은혜를 서로 나누며 말씀을 되새기는 날이다. 까마득하게 잊고 바쁘게 살던 이들도(수요일 모인 교우의 50%) 다시 기억하며 남은 3일을 살도록 옷깃을 여민다.

2) **금요일**(친교koinonia의 날)

속회(=구역, 목장)로 모인다. 각 속회마다 자유롭게 제 스스로 모이도록 한다. 거기서도 주일날 받은 말씀과 기도 제목을 되새긴다. 주간

성서 읽기 본문 가운데 받은 은혜를 나누기도 한다. 속회는 매주, 또는 두 주에 한 번 모이는 속도 있고, 어떤 속은 계절에 한 번씩 모이기도 한다. 그리고 사이사이 번개모임도 한다. 속회 이름은 새(bird)이름으로 각 속에서 정한다.

3) 성서 읽고 몸으로 살기 위원회

날마다 세끼 밥을 먹듯 날마다 성서 읽고 몸으로 살기 위원회가 일주일 단위로 알맹이를 굴리고(위원장), 성서퀴즈 문제를 내며(교인들 가운데 돌아가며) 채근한다. 주마다 오봉교회 홈페이지나 카톡방에 올리고, 계절별로 상도 주며 격려도 한다. 어느 해인가? 올해 어떻게 읽겠다고 다짐만 해도 위원장이 상을 내렸다.

4) 금요일이나 토요일 쯤

① 들꽃위원회

오봉교회는 들이나 산에서 피는 꽃으로 한 두 송이 제대에 올린다. 금요일이나 토요일이면 위원들은 산으로 들로 꽃을 찾아다니다가 나무, 풀, 하늘, 구름, 고라니, 새도 만나고…, 철따라 피어나는 꽃향기에서 하나님의 창조 숨결을 느끼고, 그래서 행복한 들꽃위원회는 신神이 난다.

② 맑은자리위원회

토요일이면 어김없이 걸레를 싸들고 교회로 와, 엎디어 정성으로 걸레질하며 "예배자리"를 맑게 하여 주님께 올리는 위원들의 마음이 곱다.

5) 창조영성으로 사는 일주일(여럿이 함께): "아름다운 세상을 위하여"

◑ 月요일 – 하늘을 바라보는 날

새들의 하늘 길을 바라보며, 오늘만은 자동차 타기를 반으로 줄임으로, 새들의 길인 하늘을 깨끗하게 하며 우리가 마시는 공기도 맑게 한다. 지구를 뜨겁게 하는 것 가운데 하나는 자동차다. 버스나 전철 등 대중교통 수단을 쓴다. 가까운 거리는 자전거를 타거나 걸어 다닌다.

◑ 火요일 – 에너지(불)를 아끼는 날

에너지 자원인 석탄, 석유(화석연료)는 한정되어 있어 에너지를 아껴 써야 한다. 가능한 한 태양에너지를 쓰는 삶의 양식으로 바꿔야 한다. 해가 떠 있는 동안 일하고 해가 지면 자빠져 자야 한다. 그래서 야행성 새들과 동식물들을 살게 한다. 아울러 절전형 가전제품연구에 힘을 쏟는다.

◑ 水요일 – 물을 사랑하는 날

물은 물에 사는 생물들과 물새들의 서식처다. 오늘만은 물을 반으로 줄여 쓰는 삶을 몸에 배도록 애써 본다. 물은 생명의 근원이다. 사람의 몸은 70%가 물로 이루어져 있으며, 지구표면 70%가 물로 덮여 있다. 물을 깨끗이 보전하는 길은 물 씀씀이를 줄이는 것이다. 물의 소중함을 체험한다. 물 한 컵으로 양치한다.

◑ 木요일 – 나무를 사랑하는 날

숲은 산새들의 삶의 자리이다. 숲에서 물이 나오니 물새들의 근원이기도 하다. 사람들이 종이를 마구 씀으로(전 세계 매일신문은 몇 종류?) 지구상의 나무가 수없이 잘려나가고 있다. 오늘만은 종이 사용은 반으로 줄이고, 폐지 활용은 두 배로 늘인다. 폐지 수집을 늘리면서 동시에 재생화장지, 재생노트를 쓴다. 일회용 컵과 기저귀를 쓰지 않는다. 화장실 휴지는 3마디로 쓴다.

◑ 金요일 – 돈을 아끼는 날

오늘만큼은 돈을 쓰지 않는다. 돈을 아끼는 것이 자연(숲, 물)을 보전하는 길이다. 돈을 과하게 씀으로(과소비) 자원은 없어지고, 쓰레기는 늘어난다. 중고품을 활용하고 검소한 의식주 생활을 훈련한다. 그렇게 남긴 돈으로 이웃을 돕는다.

◑ 土요일 – 흙을 사랑하는 날

오늘만은 흙을 만지며 식물들을 살핀다. 인간은 흙에서 와서 흙으로 돌아간다. 오늘만이라도 야외에 자녀들과 함께 가서 흙을 밟고 만져 본다. 우리는 지금도 흙에서 얻은 식물로 생명을 공급받고, 농업의 소중함을 생각해보고 음식을 남기지 않는다. 농약, 화학비료를 쓰지 않는 생명농법으로 농사를 짓는다. 새들도 이 낟알을 먹으며 긴 여행을 한다. 가공식품이나 인스턴트식품을 삼간다(이 일주일 얼개는 오래 전에 기독교환경연대에서 만들었고, 여기 설명은 새롭게 썼다).

◑ 日요일 – 쉬는 날

주님도 쉬셨으니 우리도 쉰다.

3. 생명의 순환, 달(1月=4週=28~30일)의 흐름(rhythm)

달의 움직임은 생명의 본질적인 현상이라 할 수 있을 정도로 생명과 강하게 연결되어 있다. 동식물의 번식에 영향을 미치기도 한다. 인간에게도 달과 유사한 4주간의 리듬이 있다. 여성의 월경이 28(=4×7)일 주기로 반복되는 것은 우연이 아닐 것이다. 또한 질병치료 과정에서도 종종 나타나고 있는데, 수술 후 상처가 7일마다 더 나아져 4주 후에 완치되는 것이 그 예다. 그래서 일반적으로 요양은 4주 후에야 효과가 나타난다고 한다.

4주로 이뤄진 달 리듬에 맞는 매달 축제가 필요하다. 교회와 일반 기념일, 우리나라 명절, 아메리카 원주만이 쓰는 달 이름으로 계절의 흐름을 축제로 펼친다.

아메리카 원주민의 달력 이름(류시화 〈나는 왜 너가 아니고 나인가〉 김영사, 889, 900쪽)을 연구하면 매달 좋은 축제, 열두 번의 행복한 달들을 만날 수 있다. 기독교환경연대 달력에 12달 이름을 보면,

1월 : 해오름달(해가 새롭게 떠오르는 달 / 말라기 4:2)

2월 : 시샘달(새봄이 오는 것을 시샘하는 달 / 아가 2:11~12)

3월 : 물오름달(만물에 물이 올라 생동하는 달 / 요엘 2:22)

4월 : 새순달(나무에 새순이 돋는 달 / 호세아 14:5)

5월 : 푸름달(만물이 생명의 빛으로 푸른 달 / 에스겔 47:9)

6월 : 누리달(온 누리에 생명이 가득한 달 / 요한계시록 22:2)

7월 : 타오름달(해가 뜨겁게 타오르는 달 / 신명기 33:13~14)

8월 : 어울림달(하나님, 자연, 사람이 어울리는 달 / 마태복음 11:29)

9월 : 영금달(오곡백과가 영글어 가는 달 / 이사야 44:3)

10월 : 잎붉은달(잎이 붉게 물드는 달 / 스가랴 8:12)

11월 : 고마움달(하나님과 자연의 은총에 감사하는 달 / 시편 136:25)

12월 : 비움달(몸과 마음을 비우고 낮아지는 달 / 시편 90:17)

오봉교회 추수감사절은 추석이 낀 다음 주일로 지낸다. 아메리카 원주민의 **영금달**인 9월에 올 한 해 동안 "영금으로 인해 고마운 사연"을 추수감사절 때 한 사람씩 제대에 나와 하나님께 고마움으로 올린다. 모두 올린다. 스스로 올린다. 다른 이들의 고마운 사연으로 놀라고 감탄하며 서로 지지하고 격려한다. 그 마음으로 이웃을 향하고 (social gospel: W. Rauschenbusch), 그렇게 감사절 축제는 넉넉해진다(신명기 26:11).

1) 아나바다 위원회

매달 마지막 주 집에서 안 쓰는 물건들(장롱 속 금덩어리, 아기반지…?)을 가져와 나눠 쓴다. 그리고 백 원, 이백 원씩 통에 두고 가면 그

걸 모아 충남 홍성에 있는 풀무농업고등기술학교 창업식(졸업식) 선물(성경책) 마련에 여러 해 동안 보태고 있다.

2) 삶을 예술로 가꾸는 위원회

이 위원회의 처음 시작은 필리핀에서 낯설고 물선 이국땅에 시집온 두 여인을 위한 프로그램으로 시작하여 나이 드신 어른들도 참여했다. 꽃 누르미, 비즈공예, 향초 만들기, 그릇 빚기… 등이다.

4. **해**(1年=4季節=12月=52週=365日-하루)**의 흐름**(rhythm)

"평화를 위하여 이루는 오봉교회" (오랜 새김말)

마태복음 5장 9절을 오랜 새김말로 하여 3년씩 돌아간다.

첫째 해, 평화를 이루는 사람은 (peacemakers)

둘째 해, 복이 있다 (행복하다: happy)

셋째 해, 그들이 하나님의 자녀라고 불릴 것이다 (children of God)

1) **교회력**에 맞춘 흐름새

① 대림절, 성탄절

② 주현절

③ 사순절, 부활절

④ 성령강림절, 왕국절(=창조절=신정절)

2) 24절기(농사달력)에 얽힌 흐름새

24절기는 순환하며 일정 원리를 갖는다. 그 원리를 깨치고 전체 순환 고리를 보면 창조주 하나님이 새롭게 다가온다.

① 네번의 큰 변화, 기基절기(동지-하지, 춘분-추분)

② 계절의 문턱, 입立절기(입春-입夏-입秋-입冬)

③ 계절의 교차로, 교交절기(우수, 경칩, 소만, 망종, 처서, 백로, 소설, 대설)

④ 계절의 절정, 극極절기(청명, 곡우, 소서, 대서, 한로, 상강, 소한, 대한)

3) 위원회(감리회 6개부서와 위원회)

하루, 일주일, 한 달, 계절, 1년 속에서 스스로 할 일을 찾아 만들어 가는 위원회다. 시공간 안에서 하나님의 리듬에 한 가지씩 꼭 맡아서 하면서 스스로 지도력을 키워간다. 맡은 이가 중심적으로 하고, 원하는 이가 그때그때 모여 함께 한다. 예를 들어 걸으며 행복한 위원회가 연초에 "대청봉 산행"을 계획하여 홈페이지에 올리면, 그 위원회에 속해 있지 않더라도 가고 싶은 사람은 누구나 환영받으며 함께 갈 수 있다. 그리고 위원회 활성화의 정도에 따라 위원회가 없어지기도 하며 새로 생기기도 한다. 생성과 소멸의 자연법칙이 여기서도 나타난다.

1년에 한 번씩 위원회 일꾼을 정할 때 순서는 첫째 자원하는 사람, 둘째 추천받는 사람, 셋째 자원도, 추천도 하지 않은 사람은 그 사람의 특성과 좋아함에 알맞게 담임목사가 배정한다.

1) **관리부**

* 재산과 시설관리위원회
* 주차와 차량관리위원회
* "세계는 나의 교구" 홈페이지위원회
* 텃밭에서 흙 만지는 생명살림위원회
* 몸과 마음을 살리는 단식위원회
* "자세를 바르게" 몸살림운동위원회

2) **선교부**

* "편안한가?" 안부 묻는 돌봄위원회
* 팔복언덕, 예배위원회
* 국내외 선교위원회
* 밤낮을 가리지 않는 중보기도위원회
* 새신자 돌봄위원회
* 걸으며 행복한위원회

3) **교육부**

* 교회학교 (교장): 아동부/ 중,고등부
* 말씀에 담금질하는 위원회
* 어린이돌봄위원회
* 성서읽고 몸으로 사는 위원회
* 좋은 책 추천하는 도서관리위원회
* 특별한 날을 기억하는 위원회

4) 사회봉사부

* 사랑나눔 위원회: (윗마을) (아랫마을),
* 맑은자리위원회
* 밥상공동체위원회
* 설거지로 기쁨 넘치는 위원회
* 들꽃위원회
* 아나바다위원회
* 콩알반쪽위원회

5) 문화부

* 음악으로 예배를 돕는 위원회
* 늘 노래해 위원회
* 축구(족구)로 하나 되는 위원회
* 삶을 예술로 가꾸는 위원회
* 또 다른 삶, 연극 위원회
* 오봉사랑방 위원회
* 라오와 함께 나누기 위원회

6) 재무부

* 오늘에 감사하는 재무위원회
* 좋은 음악으로 행복한위원회
* 웃음으로 함께 하는 재미위원회
* "오봉이야기"작은 책 만들기위원회

* 우리말 찾아 쓰기위원회

* "돈" 이야기로 놀람위원회

IV. 하나님의 공간

공간, "spacing은 객관적으로 말하면 '공간 배정' 이고. 주관적으로 말하면 '거리감'이 된다"(소홍렬). 공간배정은 전체 공간에 대한 질서를 전제해야 하고, 거리감은 물리적 거리와 심리적 거리와의 관계를 전제해야 한다. 따라서 적절한 공간 배정, 적절한 거리감이 중요하다. 정서적 마음은 몸으로 체험하는 공간의 영향을 직접 받기 때문에 정서적 거리감이 문제시되지 않을 수 없다. 우리에게 정서적으로 영향을 주는 체험공간이 중요하다. 체험공간은 예배자리, 명상 공간, 함께 찬양, 산책… 등 그리고 공동식사(성찬, 성만찬)의 자리일 수 있다.

> "아무리 좋은 예배형식을 구성하였다 하더라도 정작 예배현장에서 그것이 잘 집례 되지 않으면 아무 소용없다. 그러므로 중요한 것은 예배현장이다. 예배현장을 구성하는 요소 3가지는 a.집례자 b.회중 c.예배당 환경이다. 예배당 공간은 매우 중요하다. 예배당은 그 안에서 드려지는 예배의 의미를 충분히 전달될 수 있도록 적당한 상징을 가져야 한다"(조기연).

오봉교회에서 중요하게 여기는 공간은 작게는 예배당, 크게는 우리 삶의 자리, 자연(年, 月)과 예배당(週), 그리고 집(日)과 일터(日), 모두가 우리의 삶의 공간이다. 예배공간과 자연 공간 읽기를 통해(the book of nature) 하나님의 흐름새(rhythm)에 온전히 몸을 싣는다.

1. 자연의 책 읽기

16~17세기 과학혁명을 이끈 초기 과학자들은 자신이 하는 작업을 정당화하기 위해 이른바 "두 권의 책" 이론을 내세웠다. 하나님이 인간에게 자신의 뜻을 알리기 위해 한 권의 책인 **성서**(Book of Scripture)와 또 한 권의 책인 **자연**의 책(Book of Nature)도 마련해 주셨다. 그러므로 하느님의 뜻을 제대로 알기 위해서는 이 **두 권의 책을 함께 읽어야** 한다는 얘기다(장회익).

"**새싹**이 돋으면?" "**잎 하나**가 떨어지면?" "**하루**의 삶에서?" – 자연의 책 읽기

"이 세상 창조 때로부터, 하나님의 보이지 않는 속성, 곧 그분의 영원하신 능력과 신성은, 사람이 그 지으신 만물을 보고서 깨닫게 되어 있습니다. 그러므로 사람들은 핑계를 댈 수가 없습니다"(로마서 1:20). – 성서 읽기

2. 예배당, 예배 공간

예배드리는 시간 내내 바라보는 제대 앞 공간을 어찌해야 할까? 저는 주일 하루 말씀 증언은 15분인데, 그 말씀의 요지를 담은 그림이

나 상징을 올려 일주일 내내 이미지로 기억할 수 있도록 한다. 그래서 제대 뒷배경은 교우들의 기대 속에서 매주일 바꾼다.

교회력에 따라 목회계획을 할 때 부활절, 성령강림절, 대림절, 성탄절에도 예배당에 커다란 십자가가 걸려 있는 상태에서 각기의 절기를 어떻게 표현해야 할까? 고민하며 나름대로 자연의 책을 읽으며 그 주의 말씀을 담은 그림이나, 상징, 글자로 제대공간을 꾸며 나갔다.

사순절이 다가오면 저마다 제 십자가를 만들어 제대에 올린다. 교인들이 만든 자기 십자가가 갖가지다. (나무로, 철사로, 못으로, 종이접기로, 흙을 구워서, 천으로, 한 땀 한 땀 실로 뜬 오방색십자가, 도자기에 투각한 등불십자가, 형광십자가도 있었다.) 제대에 가득 십자가는 사순절 내내 걸려 있다. 그 십자가를 만드는 동안 아픔과 고난 기도의 제목을 품고 만든다. 놀랍게도 부활 즈음하여 그 고난에서 해방되는 경험을 하는 이들

사순1
(타우십자가를 중심으로 늘려가는 교우들 십자가)

사순4

의 고백을 종종 듣는다. 그런 은혜를 나누며 더 큰 신앙의 자리로 들어선다.

대림2(촛불정국에 촛불로 세워진 성탄나무)

이렇게 예배당 환경을 바꿔 가기 시작한 것은 내가 오봉교회 온 지 10년쯤 되면서부터 조금씩 조금씩 바꿨다. 그럴 맘으로 사람들이 깜짝 놀랄만한 예배당 제대를 제가 준비하기도 하고, 교우들과 같이하기도 한다. 대림절 성탄나무(chrismas tree)도 산에 가서 살아있는 나무를 자르지 않고, 온 교우와 함께 가족별(빌립보서 2:15)을 만들어 대림절 내내 달아놓는다. 색종이로 만드는데 가위나 칼, 연필을 쓰지 않고 손으로 찢어서 만든다. 연필로 별을 그리거나 가위로 오려서 만드는 것처럼 맘 기우려 만들지만 제뜻대로 되지 않는다. 세상일이 어디 제맘대로 되는 것이 있을까? 일정 부분은 그분의 몫으로 남겨두고 그렇게 만들어진 가족별에 가족의 소원을 담아 깨알처럼 쓰거나 맘으로 담거나, 또는 이름만 써서 올려 성탄나무를 만든다.

Ⅴ. 나가며

새들이 보여주는 자연의 질서 속에서 하나님의 흐름을 읽어 낼 수 있다. 새들은 ① 여럿이(diversity) ② 함께 어울려(community) 산다. 계절에 따라 ③ 스스로(spontaneity. homeostasis) ④ 돌고 돌며(circularity) 살아간다. 내 목회 뿌리를 이루는 알짬이다. 특히 "하늘 나는 새를 보라"(마태복음 6:26) 하신 예수님의 말씀을 따라 아침 일찍 일어나 하루하루를 일하고 자신의 밥은 스스로 구해 먹으나, 쌓아 두지 않는 대신에 새들의 삶을 살핀다. 철 따라 여럿이 함께 돌고 돌며 온 지구를 내 것이라 고집하지 않고 있는 곳에서 그때그때 있는 것으로 사는 새들의 삶인 자연의 책에서 하나님의 뜻을 읽는다.

나그네새인 큰뒷부리도요는 1만km가 넘는 망망대해를 8~9일 동안 먹지도 자지도 않고. 물 한 방울 마시지 않고, 200시간을 쉬지 않고(nonstop) 날아서 알래스카에서 호주, 뉴질랜드까지 간다. 비결이 있다면 계절마다 부는 바람(=성령, 계절풍)에 몸을 싣고 3천 미터 상공에서 태평양을 가로지른다. 고기가 먹고 싶다던 이스라엘 백성들 앞에 나타난 광야의 메추라기 떼도 이 계절풍과 무관하지 않았을 것이다. 다만 계절풍이 불기 전까지 스스로 준비한 새들만이 그 행렬에 함께 할 수 있다. 우리의 삶도 이와 다르지 않다.

한편으로는 매주 제대에 올리는 말씀을 담은 그림도 가위를 쓰지 않고 손으로 찢어 올리는 이유는 맨손으로 만들 때, 내 뜻과 상관없이 옆으로 나가 만들어지는 것들이 훨씬 감동적인 경우가 많다. 나 혼자 하려면 힘이 들지만, 그분의 리듬을 타면 한결 편안하고, 놀랍고 신神이 난다. 마치 하늘을 바라며 농사짓는 천수답의 농부들 마음처럼….

그러나 농부들이 발달된 기계로 땅에 관정을 박아서 하늘님 없이 농사를 짓는 오늘에도 새를 통한 하나님의 뜻은 오늘도 분명하다. 돈과 하나님, 이 두 주인을 함께 섬기지 못할 뿐만 아니라 "먼저 그의 나라와 그의 의를 구하라"고 말씀하신다. 내가 읽기로는 그의 나라와 그의 의는 "새처럼" 사는 나라다.

내 1년 목회계획은 주일 하루 속에 담으려 했다. 그 하루의 시간과 공간 속에서 하나님의 흐름을 잘 탈 수 있도록 하는 데 있다. 오늘이 예배시간과 예배공간이, 2천 년 전 산에 올라가 앉으셔서 제자들에게 말씀하시던 주님의 그때 그 자리, 팔복 언덕이길 바라며, 주일 "하루"에 모든 노력을 기울인다. 그 하루의 삶이 우리들의 삶에서 일주일 내내 춤추는 아름다운 리듬이길.

장석근 목사는 신학, 철학, 교육학, 생태학 및 외국인을 위한 한국어 공부를 하면서 "자연의 책"이 더 잘 읽힌다. 잘 알지도 못하면서 단정 짓고 확신에 찼던 내 삶에 새로운 변화는 내 목회에도 교우들에게도 건강한 징조이다. 가을 들녘에 고개 숙인 낟알의 모습으로 교우들과 더불어 소박하고 단순한 삶을 통해 사회와 생명운동에 함께 하고 있다. 특히 새들의 서식지인 송지호, 영랑호를 비롯한 동해안 석호와 설악산, 바다를 "그대로" 지키려 애쓴다. "새를 보라" 하신 예수의 말씀 따라 철새학교장을 비롯해 "새처럼" 살려고 바둥거린다.

장흥교회

교회는 파괴되며

성도들은 피난을 갔다가 전쟁이 끝나고서야 돌아올 수 있었다.

그렇게 베이비붐 시대를 보내며

교회를 가득히 채운 교회학교를 경험했고,

도시화 시대 많은 이들이 떠나고

소수의 노년층과 함께하고 있다.

나와 장흥교회

한찬희 목사(철원 장흥교회)

신앙에서 목회로

어린 시절 고향에서 신앙생활이 시작되었다. 9남매의 막내로 태어났기에 나이 많은 형제자매의 도시생활 속 신앙은 내게도 영향을 주었는데, 다섯 살쯤에 우리 마을에 교회가 생기면서 자연스럽게 교회를 다니게 되었다. 특히 고향에서 청년기를 보냈던 셋째 누나는 나에게 신앙의 큰 울타리가 되어 주었다.

누나는 지방연합성회에서 받은 은혜를 나누었고, 나의 삶이 하나님에 의해 선택된 존재로 살게 될 것이라고 고백했다. 열 살쯤이었는데 처음에는 그 말을 신경 쓰지 않았지만 세월이 흐르고 나이가 들어가도 그때의 고백은 내게서 떠나지 않았고, 대학을 가야할 때에도 선

교회전경

택의 시간에 그 마음은 영향을 주어 신학대학을 가게 되었다.

대학을 갔지만 내 감동이나 내 깨달음이 아닌지라 목회를 확신하지 못하고 방황의 시간을 보내야 했다. 그렇게 10년의 시간이 흐르면서 대학을 졸업하고 직업을 갖고 살아가면서 나를 생각했다. "이렇게 사는 것이 내 삶인가?" 그때 고민하고 깨달은 것은 "내 삶을 가장 가치 있게 사는 방법이 무엇인가?"였고, 목회는 내가 받아들이고 선택하며 살아갈 수 있는 길 중에서도 가장 가치 있고 의미 있는 삶이라는 감동이 마음을 움직였다. 그렇게 사역자의 길로 들어서게 되었다. 홍천 북방우리교회를 초임 목회지로, 파주 만남교회를 두 번째 목회지로, 철원 장흥교회를 세 번째 목회지로 사역하고 있다.

장흥교회로

파주 만남교회에서 목회할 때 유화적인 남북관계는 파주에 큰 공장과 아파트를 불러들였고, 문산도 예외가 아니었다. 아파트가 들어서기 시작했다. 대부분 지역은 개발이 당연했지만 우리 교회가 있는 마을은 허름했고, 수해지구였다. 그렇지만 집에만 있을 수 없었고 무엇을 해야 하나 고민하며 아파트 전도를 해보기로 했다. 교회 주변으로 들어선 아파트를 가가호호 방문하며 전도했다. 그렇게 계획했던 단지들을 두 바퀴 돌고 세 바퀴를 돌 때쯤 선배 목사님의 전화를 받았다. 나에게 새로운 교회에서 목회하는 것에 대한 생각을 물으셨다. 그 전화는 내 마음에 장흥교회가 나를 위해 예비하신 교회라 여기게 하였다. 우여곡절을 겪었지만 결국 장흥교회에 부임하게 되었다.

장흥교회 부임은 새로운 방식으로 살아가게 만들었다. 북방우리교회나 만남교회는 성도의 수도 적었고 신앙의 연륜도 짧은지라 목사의 영향력이 절대적이었다. 하지만 장흥교회는 달랐다. 1920년 설립되었으니 부임할 때가 85년 된 교회였다. 나는 이 교회의 31대 목회자였다. 목회자 한 분이 3년을 채우지 못했다. 6·25 한국전쟁 이후로 계산해도 18번째 목회자였다. 장로님들이나 권사님들은 대부분 이 목회를 모두 경험한 이들이 많았다. 목회자 경험이 많았고 목회자에 대한 신뢰는 약했다. 꽤나 부담스러운 목회 상황이었고, 들려오는 소문은 나를 움츠리게 만들었다.

성도들에게 부탁했다. 목사는 교회 행사나 행정을 진행하면서 재정 사용은 성도들과 의논해서 결정할 것이니 성도들도 목사를 하나님께서 보내주신 지도자로 여겨 영적 권위를 인정해주길 간곡하게 부탁드렸다. 목사에 대한 신뢰가 없다고 판단했기 때문이다.

부임할 때 선교헌금에 대한 비전을 선포하기도 했다. 우리 교회가 선교사를 책임 파송할만한 형편은 아니지만 선교하는 이들을 후원하는 교회가 되자는 의미였다. 처음 반응들은 차가웠지만, 시간이 지나고 은혜를 나누며 10여 가정이 자신들의 형편에 따라 함께했다. 코로나 시대를 지나며 인도, 말레이시아, 태국, 베트남의 선교사에게, 국가의 혼돈 속에 어려워하는 미얀마 선교사에게 총 9백만 원을 보낼 수 있었던 일은 그중에도 기쁨이고 감사함이었다.

철원과 기독교 만남

내가 목회하는 곳은 장흥교회이지만 부임하여 세월이 흐르다 보니 철원과의 관계가 더욱 돈독하며 끈끈해지고 있다. 철원은 구석기 시대부터 사람들이 살았던 흔적이 남아있다. 하지만 규모면에서 발굴하여 유적지화 할만한 상황이 되지 못해서 안타깝다. 가까이에 연천군 전곡유적지는 한반도 전체에서도 인정받는 구석기 유적이다. 전곡과 철원은 한탄강으로 연결된 곳이다.

철원에서 가장 확실한 유적은 고인돌이다. 청동기시대 대표적인 흔적으로 6·25 한국전쟁 이전에는 20여 기가 있었지만, 지금은 2기만 남아서 역사를 증언하고 있다. 이곳은 궁예와의 인연으로 역사의 중심이 되었다. 궁예는 서기 896년 이곳을 찾았고, 개성으로 갔다가 904년 궁을 완성하고, 이곳으로 다시 왔다. 918년 반란이 있었고, 왕건은 그 중심인물이었다. 철원에는 그 시대와 관련된 지명이 있는데, 대표적인 지명이 명성산(鳴聲山)이다. 철원사람들은 울음산이라 부른다. 궁예 세력이 왕건 세력에 의해 최후 일격을 당한 곳이 이 산이었고, 그때 이후로 이 산은 울음산이다. 철원이 한반도 2천년 역사 속에서 잠깐 중심이었던 시대가 이때 20여 년뿐이다.

이 지역은 한반도의 중앙에 위치한다. 남북으로도 중간 정도요, 동서로도 중간 정도의 위치이다. 더구나 평강고원, 추가령지구대를 이루는 이 지역은 남북으로 평평한지라 교통의 요지였을 뿐만 아니라 한반도의 분열기나 전쟁 때에는 대부분 전쟁터요, 국경을 이루는 지역이 되었다. 늘 전쟁의 고통을 겪었다. 6·25 한국전쟁은 대표적이다.

철원 평지가 사람들이 살아가는 데 유익하게 사용된 것은 궁예시대 이후 일제강점기가 되어서였다. 제국주의 일본은 대륙침략을 위해 우리나라에 철도교통을 적용했다. 서울을 기준으로 경인선, 경부선, 경의선, 경원선 등이 만들어지는데, 그중 경원선은 철원에 새로운 문명을 경험하게 만들었다. 일본은 평지 철원을 발견했고 토지를 수용하여 개발하기 시작했다. 물을 공급하여 관계수로를 만드니 드넓은 들은 평야로 바뀌어 많은 쌀을 생산할 수 있었고, 이 쌀은 일본으로 반출되었다. 금강산선 전철의 개통으로 철원이 금강산관광의 중심지가 되었고, 일제강점기 말기에는 십만 명의 군민이 살고 있었다. 당시 강원도에는 춘천, 원주, 강릉, 김화, 철원만이 십만 명 정도 살았다 한다. 그러한 철원이 한국전쟁으로 철저히 파괴되었다. 3만여 명이 살았던 철원읍은 온전한 건물이 없을 만큼 모두 파괴되었다. 노동당사, 수도국지, 철원제일감리교회는 지금도 전쟁의 상처를 증언하며 자리를 지키고 있다.

한국전쟁이 끝나고 38선이 휴전선으로 대체되며, 이곳 철원은 30~40% 정도가 대한민국이 되었고, 옆 자치단체인 김화군은 휴전선 이남에 10~20% 정도만 남게 되었다. 정부는 58년에 두 자치기관을 하나로 통합하여 철원군으로 정리했다. 김화군의 역사는 철원군의 역사이기도 하다.

철원의 기독교 전래는 두 갈래를 이룬다. 하나는 김화지역의 감리교회요, 다른 하나는 철원지역의 장로교회이다. 감리교회 역사에서 핵심은 하디와 윤승근이다. 하디는 남감리회 선교사로 원산 회개운동의 시작으로 유명하며, 1901년 지경터에서 15명에게 세례를 주면서 지경터교회를 설립했고, 이 사건은 강원도 최초의 개신교회의 시작이 되었다. 이후 그는 강원도 동해안 지역을 중심으로 선교활동을 함으로 1900년대 초기 설립된 감리교회의 설립자로 기록되었다. 지경터교회는 하디의 열심도 있었지만 윤승근의 희생과 헌신이 있었기에 가능했다. 그는 감리교회 초기 전도자로 유명하다. 그렇게 시작된 김화지역 감리교회는 새술막교회와 김화교회로 확장되어 갔다.

김화지역의 복음전파에서 한사연은 주요 인물이다. 그는 김화에서 목회의 대부분의 시간을 지냈고 김화에서 순교했다. 그와 같은 시대에 목회했던 선교사로 피터스(Victor W. Peters)는 혼란했던 김화교회를 잘 치리하고 한옥으로 교회를 건축하기도 했다. 더구나 한국인과 혼인한 최초의 선교사로도 유명하다. 그는 이용도와 교류하며 기도의 영성을 보여주었다. 지역을 책임지던 김화의 교회들은 전쟁과 함께 무너지고 흩어져서 회복되지 못한 교회가 많다.

철원지역 장로교회 선교 중심에는 웰번(Arthur G. Welbon)이 있다. 그는 1900년대 초반에 철원읍에 들어왔고, 몇 년의 수고를 통해 1905년 철원제일교회를 설립하여 교회를 시작했다. 하지만 1907년 감리교회 2개 선교부와 장로교 4개 선교부의 선교지역 분할 협정에 따라 강원북부지역이 남감리회 담당이 되면서 철원제일교회를 남감리회에 넘겨주고, 안동과 평양에서 선교활동을 이어갔다.

감리교회가 된 철원제일교회는 지역 기독교회의 중심이 되었고, 삼일운동 때에도 박연서 목사(일제 말기 변절이 밝혀져 훈장을 박탈당함)를 중심으로 지역의 여러 종교단체, 유지들과 연합하여 삼일만세운동을

드론으로 촬영한 장흥교회

주도했으며, 이때의 운동은 "철원애국단"으로 발전하여 이후에도 꾸준한 활동으로 임시정부와 연합했다. 신앙운동과 민족운동으로 교회는 더욱 부흥했고, 1937년에 지은 교회 건물은 당시 최고의 설계자였던 보리스(W. M. Vories)의 설계와 최고의 자재들로 지어졌다.

이 교회에서 중요 인물은 강종근 목사이다. 그는 신사참배를 강요하는 일본제국주의와 감리교회에 대항했고, 그로 인해 감옥에서 순교했다. 목회자로 신사참배를 거부하다 순교한 최초의 인물이다. 그를 본받아 성결교회 박봉진 목사는 신사참배를 거부하다 목회자로 두 번째 순교자가 되었다. 철원지역의 많은 교회도 전쟁을 겪으며 파괴되었고 흩어져 회복되지 못한 교회가 많다.

장흥교회 이야기

박경룡 목사

장흥교회는 1920년 한성옥 목사가 고봉기 가정에서 예배를 드리며 시작되었다. 한성옥은 김화의 순교자 한사연의 양아들이다. 그렇게 시작된 교회는 초기 순회목회자들에 의해 양육되었다. 대표적인 인물이 신석구 목사이다. 그는 삼일만세운동의 민족대표로 참여했기에 감옥에 가야했고, 출옥 후에도 감리교회의 변방으로 가야했다. 그중에 철원지역 목회를 담당하게 되었다. 장흥교회만의 첫 번째 담임목회자는 명관조 전도사였다. 그가 일본으로 유학을 가면서 후임자로 박경룡 목사가 부임했다. 1940년의 일이다.

박경룡의 부임은 장흥교회에 새로운 사역의 시작을 알렸다. 박경룡의 신앙은 이용도 목사 계열의 기도의 영성을 따르는 신앙이었다. 자신도 목회자가 되기 이전에 금강산에서 5년간 생활하며 기도생활을 하면서 목회의 소명을 깨닫게 된다. 박경룡은 시대의 아픔 속에 기도의 불을 붙였고 한탄강 옆 순담에 기도터를 잡았다. 그때 친구인 이성해가 찾아왔고, 그들은 의기투합하여 철원에 기도공동체를 만들 소망으로 기도운동을 시작했다. 땅을 샀고 유재헌 목사를 영적 지도자로 세웠다. 그 공동체가 "대한수도원"이다. 이곳에 해방 때쯤에 전진 전도사가 참여했으며, 이후 박경룡, 이성해는 목회지로 떠났고, 유재헌은 한국전쟁 때 순교했기에 대한수도원 기도공동체는 전진의 책임이 되었으며, 그의 기도 생활은 많은 기적과 이적을 나타내며 치유와 회복의 은혜가 나타났다. 그때 나타난 기도 형태가 "안찰"과 "성령 춤"이다. 우리나라 기도운동에서 대한수도원은 절대적 영향을 주었다.

해방이 왔지만 장흥교회와 성도들에게는 새로운 위기가 찾아왔다. 지리적으로 38이북에 속해있었기 때문이다. 소련과 공산주의자들은 기독교를 압박했고, 우리교회 성도들은 남쪽에서 밀파된 김윤옥(이시영 계열) 목사와 연합하여 "신한청년회"라는 반공단체를 만들었다. 1946년의 사건이다. 공산주의 세력에게 발각되면서 교회와 마을은 초토화되었다. 대부분의 남자 성도들은 연행되었고, 조직의 핵심으로 참여했던 이들은 감옥에 가야 했다. 김윤옥 목사(신한청년회 강원도회장) 7년, 박성배 장로(철원회장) 7년, 정국환 장로(철원부회장) 3년 등. 김윤옥 목사와 박성배 장로는 평양 감옥에 수감되어 있었고, 한국전쟁 때 평양감옥의 모든 이들이 총살되었다. 신석구 목사도 이때 순교하신다. 두 분도 그때 돌아가셨으리라.

교회는 신한청년회 사건으로 큰 어려움이 있었고, 박경룡 목사는 월남할 수밖에 없었다. 교회는 목사도, 장로들도, 남자 어른도 없는 처지였다. 그때 담임목회자로 부임한 이가 서기훈 목사이셨다. 서 목사님은 상처받은 성도들

서기훈 목사

교회 건물 옆에 세워진 순교비

을 위로하며 시대의 아픔을 견디었고, 성도들에게 미움과 원망이 아니라 사랑과 용서로 살도록 양육하셨다. 그러던 중 한국전쟁이 발발했다. 국군의 진격은 10월에 장흥교회를 대한민국의 영역이 되게 만들었고, 그때 공산주의자나 그 가족을 처형하려는 이들에게 목사님은 그리스도의 사랑과 용서를 통해 살육을 막아내셨다. 전쟁은 다시 중국의 개입으로 역전되었고, 장흥교회는 공산주의 세상이 되었으며, 공산주의 세력은 자신들에게 반대했거나 도움이 되지 않는 세력을 처형하였다. 서 목사님도 그때 순교하셨다.

전쟁은 이후에도 계속되었고, 교회는 파괴되며 성도들은 피난을 갔다가 전쟁이 끝나고서야 돌아올 수 있었다. 그렇게 베이비붐 시대를 보내며 교회를 가득히 채운 교회학교를 경험했고, 도시화 시대 많은 이들이 떠나고 소수의 노년층과 함께하고 있다.

100주년 기념 예배를 마치고

작년(2020년)은, 장흥교회 100주년이었다. 어떻게 기념할 수 있을지 고민하고 의논했다. 역사책은 84주년 때 전임목사님께서 발간하셨기에 생략하기로 하고, 몇 가지 사업을 시행했다.

1. 이덕주 목사와 함께하는 부흥성회
2. 순교자 서기훈 목사 안내판 설치
3. 야외 음악 방송장비 설치
4. 교회, 목사관, 창고 도색
5. 창고 벽에 미술작품 설치
6. 100주년 감사예배(전임자 김남일 목사, 김길수 목사 초청)

7. 신학생 장학금(1,500,000×2)

8. 철원 초, 중, 고 장학금(16×100,000 5×200,000 5×300,000)

9. 이웃돕기 성금 기탁(5,000,000)

10. 우리 마을 가정마다 선물하기(38,000×80)

믿음의 선배들의 발자취를 찾아 철원을 방문하는 순례객은 일 년에 40팀 정도가 방문하여 연인원 천 명 정도가 찾고 있다. 코로나와 함께 비대면의 시대가 되면서 방문객이 거의 사라졌지만 믿음의 모범이야 사라질 수 있을까? 이 땅에 그리스도인으로 살아가며 신앙의 열매를 맺어가야 할 우리가 좋은 모범이 되기를 소망한다.

한찬희 목사는 충남 당진에서 태어나 거기서 초·중·고를 마쳤고, 감리교신학대학교를 졸업하고, 북방우리교회, 만남교회에 이어 장흥교회에서 목회하고 있다.

카지노로 달려가

한순간에 또다시 다 잃어버리는 사람들,

이런 악순환이 계속되는 이분들을 그냥 내버려 두어야 하는가?

아니면 그리스도의 사랑이라는 이름으로,

나는 이렇게 표현하고 싶다.

“밑 빠진 독에 물 붓는 격으로 계속 끌어안으며

보살펴야 하는가?” 그런데 우리 주님이 그러셨다.

주님이 그렇게 우리를 사랑해 주셨다.

주님이 그렇게 우리를 품어주셨다.

밑 빠진 독에 물을 붓습니다 I
(부설) 사북 가온누리 유도관 II

김대경 목사 (정선 사북교회)

"밑 빠진 독에 물을 붓습니다!" I

"카지노에서 모든 것 잃은 이들에게 만메추다솜밥상을 통해
그냥 따뜻한 밥 한 끼를 주고 싶습니다."

들어가는 말

"육지에 올라보니 숯불이 있는데 그 위에 생선이 놓였고 떡도 있

코로나 이전 교회에서 만메추다솜밥상 식사하는 모습

더라. 예수께서 이르시되 지금 잡은 생선을 좀 가져오라 하시니, 시몬 베드로가 올라가서 그물을 육지에 끌어 올리니 가득히 찬 큰 물고기가 백쉰세 마리라. 이같이 많으나 그물이 찢어지지 아니하였더라. 예수께서 이르시되 와서 조반을 먹으라 하시니 제자들이 주님이신 줄 아는 고로 당신이 누구냐 감히 묻는 자가 없더라. 예수께서 가셔서 떡을 가져다가 그들에게 주시고 생선도 그와 같이 하시니라"(요한복음 21:9~13).

나는 이 말씀을 읽으면 눈물이 난다. 예수님이 잡히시자마자(요한복음 18:12) 제자들이 한 행동은 무엇인가? 예수님을 배신하고 저주하고 제 목숨 살겠다고 다 도망가서 고향에 가서 물고기 잡던 제자들이 아닌가?(요한복음 21:3). 그런데 부활하신 예수님께서 제자들에게 나타나셔서 가장 먼저 하신 일이 무엇인가? 제자들을 부르시면서 "애들아, 와서 조반을 먹으라." 다시 말해 "애들아, 내가 너희들을 위해 따뜻한 한 끼의 식사를 준비했으니 와서 먹으라"고 말씀하셨다. 나는 잠시 이런 생각을 해 보았다. '우리 같으면 어떻게 할까?' 제자들을 만나자마자, 막 혼내고 야단치고 "너희들 의리도 없구나" 그러실 텐데 우리 예수님은 아무런 말씀을 하시지 않으시고 "얘들아, 내가 너희들을 위해 따뜻한 한 끼의 식사를 준비했으니 와서 먹으라" 하셨다.

나나 우리 사북교회는 강원랜드 카지노로 인해 모든 것을 잃어버린 이분들에게 아무 이유대지 말고 따뜻한 한 끼의 식사를 대접하고 싶다. 카지노로 인해 전 재산을 잃어버렸을 뿐만 아니라 그 마음속에 그로 인한 절망과 분노와 미움을 가득 품고 살아가면서 늘 굶주림에, 배고픔에 건강 상태도 무척이나 안 좋은 이분들을 위해 예수님처럼 아무런 이유 묻지 않고 그냥 따뜻한 한 끼의 식사를 대접하고 싶다.

'만메추다솜밥상'의 시작

"목사님 살려 주세요!" 장기 도박중독자이며, 대장암 말기환자인 어느 분의 심방 요청을 받고, 원주세브란스병원에 가서 기도를 하는데, 이분이 제 손을 잡고 놓지를 않는다. 다음날 새벽기도회 때 이분을 위해 기도를 하는데, 그렇게 눈물이 나면서 우리 주님께서 내게 이런 깨달음을 주시는 것이다. '아~ 그분은 내 손을 잡았을 뿐 아니라 나를 통해 우리 주님의 손을 꼭 잡은 것이구나!' 인생 막장에 다다른 사람들, 이곳에 내려올 때만 해도 세상 다 가진 듯 비싼 외제차와 비싼 호텔에 머물며 강원랜드 카지노를 드나들다가 하루아침에 가진 돈을 잃고는 갈 곳도, 잘 곳도, 먹을 것도 없이 떠도는 인생이 되었다. 전에

코로나 이전에 교회에서 식사

코로나 이후에는 도시락으로 나눔

만메추 예배 드리는 모습

는 가진 돈으로 가족들을 버렸지만, 이제는 갈 곳 없어 가족들을 찾지만 그 가족들이 받아주지를 않는다. 순간의 짜릿함을, 소위 "대박"을 꿈꾸던 사람들이지만 이분들의 말로는 비참 그 자체, 이분들에게 남은 것은 죽음, 그것도 자살의 충동과 유혹뿐이다.

강원랜드가 있는 정선의 사북과 고한, 증산, 남면에서는 이런 막장 인생들을 흔히 만날 수 있다. 교회가 이분들을 어찌해야 할까? 입히고, 먹여서 할만한 일거리라도 만들어주어 한 달 내내 배달하며 식당, 설거지하며, 막노동 일을 하면서 벌었던 그 피눈물의 돈을 가지고 또다시 카지노로 달려가 한순간에 또다시 다 잃어버리는 사람들, 이런 악순환이 계속되는 이분들을 그냥 내버려 두어야 하는가? 아니면 그리스도의 사랑이라는 이름으로, 나는 이렇게 표현하고 싶다. "밑 빠진 독에 물 붓는 격으로 계속 끌어안으며 보살펴야 하는가?" 그런데 우리 주님이 그러셨다. 주님이 그렇게 우리를 사랑해 주셨다. 주님이 그렇게 우리를 품어주셨다.

'만메추다솜밥상'의 사역 :
"사북감리교회는 엄마와 같은 마음으로 따뜻한 한 끼의 밥을 드린다."

2016년 3월부터 정선지방 사북감리교회는 지역에서 떠도는 이분들에게 말로 하는 위로나 섬김, 전도보다는 밥 한 끼 대접하는 일을 시작했다. 교회에서 밥상을 차리고 평소에 몸을 잘 씻지 못해 냄새가 나는 이분들을 위해 따뜻한 물로 깨끗이 씻으라고 매달 6천 원짜리

100장을 교회 재정에서 구입해 지역의 사우나 표를 드린다. 많은 분이 오셔서 식사를 하면서 이분들이 공통적으로 하는 말은 한결같이 일반 식당에서는 맛보지 못하는 따뜻한 밥맛, 바로 예전에 본인들의 엄마가 해 주신 밥맛, 아내가 해 준 밥맛을 느낀다는 것이다.

밥상 이름도 지었다. 성경에 나오는 만나와 메추라기를 합한 다솜(따스한)밥상, 일명 '만메추다솜밥상' 이다. 임원회를 통해 온 성도들이 만메추헌금이라는 항목을 만들고, 자발적인 후원헌금을 통해 만만치 않게 들어가는 교회지출이지만 정성껏 쌀과 반찬거리를 사서, 사회봉사부(부장 정연심 권사)를 중심으로 매주 순번을 정해 정성스럽게 무엇보다 엄마와 같은 마음으로 점심에 식사로 섬긴다. 코로나19 이후로는 교회에서 식사를 못 하기에 도시락을 준비하여 나누어 드린다. 수요일(50인분), 토요일(50인분), 주일(40인분), 이렇게 3일, 도시락을 만들어 나누어 드린다. 어느 분에게는 그저 맛을 위한 한 끼일지 모르지만, 이분들에게는 삶의 연장과 생명의 연장이 있는 생명과도 같은 귀한 한 끼의 도시락이다. 그런데 놀라운 사실은 비록 한 끼의 식사지만 그 한 끼의 식사를 통해 이분들의 굳게 닫힌 마음의 문을 열게 되고, 무엇보다 피 묻은 예수님의 복음을 받아들일 수 있는 하나의 계기가 되었다.

'만메추다솜밥상' 의 진정한 정신 :
사북감리교회는 인생의 허탈감과 좌절을 주님의 사랑으로 보듬어주고 있다.

장기 카지노 도박중독자 이분들의 특징은 지나간 인생의 과오에 대한 잘못을 모른다는 것이다. 현재 자신이 이런 처지가 된 것은 단지 운이 없었을 뿐이라고 이야기를 한다. 그리고 누군가 자기를 믿고 후원해준다면 지금껏 알고 있고 준비한 '노하우'(이분들의 언어)를 통해 카지노에서 대박을 할 수 있다는 자신감이 충만하다.

또한 이분들은 늘 타인을 향해 원망하고 믿지를 못한다. 처음 이 사역을 시작할 때, 우리 교회를 내어주고 우리 교회가 정성껏 준비한 식사에 숟가락을 집어 던지며 반찬 타령도 서슴지 않던 분들이었다. 그런데도 누구 하나 저들을 향해 욕을 하거나, 큰소리치지 않고 고단한 봉사를 계속하고 있는 사북감리교회 성도들이 있다. 바로 우리 주님께서 사랑으로 우리를 보듬어 주셔서 내가 이렇게 하나님의 자녀가 되고 주님의 제자가 된 것처럼, 인생의 허탈감과 좌절을 극단적으로, 그리고 날카롭게 표현하는 이분들을 주님의 사랑으로 보듬어주고 품어주는 사북감리교회 성도들이 있었다.

이곳에서 도박으로 1억 원 정도 날린 것은 축에도 못 끼는 아주 적은(?) 액수의 돈이다. 5억 원, 10억은 기본이고, 100억 원까지 날린 사람들이 비일비재하다. 전직 경찰관, 의사, 교사, 고위 공무원, 알아주는 중소기업 사장, 대기업의 임원이었지만, 지금 이들에게는 아무것도 없다. 가족까지도 아니 자녀들까지도 이분들이 돌아오는 것을 거부하기에 남은 것은 늘 자살 가능성이 높은 죽음뿐이다. "이분들이 죽음을 잘 맞이하게 준비하는 것, 그리고 무엇보다 이들을 통해 상상할 수 없는 상처를 씻어 주어 절연한 가족과 화해하게 하는 것, 무엇보다 자신의 삶을 돌아보고 잠깐의 반성이 아닌 주님의 십자가 앞에서 영원한 회개로 이끄는 것", 이것이 우리 사북감리교회, 그리고 내게는 이분들을 향한 소망이고 기도제목이다.

'만메추다솜밥상'의 목적 : 오직 피 묻은 예수의 복음으로 가득한 예배만이 이들을 살릴 수 있다.

만메추다솜밥상을 시작한 지 1년이 지날 때쯤, 이분들이 스스로 내게 찾아와서 이러한 부탁을 했다. "목사님, 우리의 마지막이 어찌 될지 너무나 두려워요! 그래서 우리만의 예배를 드렸으면 좋겠습니다." 나는 그때 이분들의 이야기를 듣고 너무나 떨리고 감동해서 그냥 눈물이 막 나왔던 것을 잊을 수가 없다. 있을 수 없던 기적과 같은 일이 일어났다. 지역의 다른 교회들이 사북교회와 같이 이 일을 시작했지만 대부분 오래가지 못하고 외려 교회가 상처를 받고 그만둔 교회가 많았다. 그런데 주님의 사랑이, 그리고 사북감리교회 온 성도들의 기도와 눈물겨운 사랑과 섬김이 이분들을 변화하게 한 것이다.

그래서 매주 수요일 점심 전 오전 11시에 수요일 만메추다솜밥상 예배를 드린다. 놀라운 것은 이분들이 예배를 통해 말씀과 찬양, 기도를 하면서 자신들의 과거를 반성하고, 이를 넘어 회개와 결단으로 이어진다는 것이다. 감사하게도 지금까지 열 분 정도가 스스로 카지노를 하지 않겠다고 강원랜드카지노 측에 영구 정지를 신청하셨고, 다섯 분이 가족의 품으로 돌아가셨다. 그리고 수요예배에 이어 주일예배에 나오라는 말도 안 했는데, 주일예배에도 함께 하는 인원이 점점 더 늘어나고 있다. 더 놀라운 것은 이분들만의 속회모임까지 하고 있다는 것이다.

역시 복음이다. 역시 예배이다. 역시 말씀과 사랑, 기도이다. 그것도 우리를 위해 죽으시고 생명을 바치신 그리스도의 사랑, 바로 피 묻은 예수님의 복음만이 이분들을 변화시킬 수가 있다. 한 영혼을 사랑하시고, 그 한 영혼을 가슴에 품고 우시고 기도하신 주님처럼 오늘 우리가 해야 할 일은 바로 이 일이다. 우리 교회는 하나님의 거룩한 비전을 품는다. 이분들 모두가 그것도 한 사람도 빠짐이 없이 그동안 원수 되었던 가족들과 화해하고, 마지막 남은 인생 가족들과 함께 예수님 믿고 저 천국으로 가는 것이다.

밑 빠진 독에 붓는 물이지만

밑 빠진 독에 붓는 물이지만 그 물은 그냥 물이 아니다. 우리는 날마다 주님의 사랑의 물을 붓는다. 주님의 섬김이라는 물을 붓는다.

만메추성도와 함께 어우러지는 주일 오전 예배

주님의 희생이라는 물을 붓는다. 그래서 그 물은 그냥 물이 아니라 바로 죽어가는 한 영혼을 살리는 예수 그리스도 생명의 피다. 그 피가 지금 흘러넘쳐 이분들의 심령과 영혼을 적시고 있다. 때로 사북교회가 버거울 정도로 힘든 이 사역이지만 주님의 명령이기에 이 귀한 사명을 지금껏 해왔고, 앞으로도 영원히 목숨을 다해 감당할 것이다.

"유도라는 운동으로 으라차차 한판 업어치기!"
– (부설) 사북 가온누리유도관 II

이 기회를 빌어 짧게나마, "울며 씨를 뿌리러 나가는 자는 반드시 기쁨으로 그 곡식 단을 가지고 돌아오리로다"(시편 126:6). 이 말씀에 의지해서 나의 장기를 살려서 전도를 하게 된 것이 고맙고, 한편으로는 참으로 하나님의 은혜를 입은 교회의 사역을 적어보려고 한다.

2004년 사북교회에 부임할 당시, 우리 교회는 교회학교 아이들이 2명뿐이었다. 무엇보다 강원랜드 카지노가 있는 관계로 동네 주변에 대부분 전당사, 모텔 등 유흥업소가 많아 아이들에게 교육적인 면에서 무척이나 좋지 못한 환경이었다.

기도 중에 하나님께서 내게 감동을 주셔서 학창(중·고등학교)시절 배운 유도를 지역의 아이들에게 가르치기로 결정을 하였다. 그래서 교회 4층 교육관에 교회 재정으로 거금을 들여서 유도매트를 깔고 지역의 아이들을 모집했다. 처음에는 "교회에서 무슨 유도냐? 그리고

2013년, 강원도 유도 대회에서 우리 유도관이 종합 성적 2위

사북교회 여름성경학교 모습

목사가 무슨 유도를 가르치느냐?"고 했다.

그러나 감사하게도 5명의 아이들(초등 4명, 중 1명)이 모집이 되어서 그 아이들과 함께 운동을 시작한 것이 벌써 14년 전의 일이다. 물론 그 5명의 아이들에게는 무료로 운동을 지도해 주며 교회학교 예배에 참석할 것을 이야기했다. 그런데 감사하게도 그 5명의 아이들이 돌아오는 주일날 전부 교회에 나오는 것이다. 그래서 기존의 2명과 함께 5명의 아이들, 도합 7명이 예배를 드리게 되었다.

그리고 시간이 지나면서 유도를 배우는 아이들이 점점 더 많아져서 2018년에는 30여 명의 아이들이 교회 4층 유도관에서 운동을 배웠고, 이 아이들 대부분이 교회학교 및 중, 고등부 예배 출석을 하는 계기가 되었다.

그리고 매년 4번의 시합에 출전하는데, 전국대회 2번, 강원도대회 2번, 강원도에만도 사설 유도관이 30여 개가 되는데 이제는 우리 유도관 아이들이 시합에 출전하면 종합성적 5위 안에(2013년에는 종합성

필리핀 단기선교

태국·미얀마 단기선교

교회 4층 구/유도관에서 운동하는 모습

현재 사북 청소년장학센터 안에 있는 가온누리유도관

적 2위, 2014년에는 종합성적 3위) 들어갈 정도로 실력이 상당히 출중하게 되었다.

물론 유도관의 성장과 함께 교회학교도 엄청나게 부흥이 되어 매주일 50여 명의 교회학교, 20여 명의 중·고등부 예배를 드리는 놀라운 전도와 부흥의 계기가 되었다.

여기에 더하여 전도를 강조하는 전, 후반기 달란트 시상 및 여름성경학교, 유도캠프, 성경시험, 학년별 전도 시상, 그리고 우리 교회가 개척한 태국, 필리핀, 미얀마, 캄보디아 교회의 매년 해외 단기선교라는 프로그램은 교회학교 및 중, 고등부 부흥의 큰 초석이 되었다.

그 뒤, 2008년 사북초등학교 유도팀 창단, 2010년 사북중학교 유도팀 창단을 직접하여, 학교에서는 엘리트 체육 위주로 운동을 하고, 우리 교회 유도관에서는 생활체육으로 운동을 하면서 정선군을 유도의 메카로 만들게 되었다.

그리고 밀려오는 아이들로 인해 비좁은 장소로는 도저히 감당할 수 없었는데, 2019년 정선군청의 후원으로 지역의 청소년장학센터 안에 유도관을 설치하여 지금까지 지역의 아이들에게 유도라는 운동을 가르치고 있다. 유도관 이름도 바꾸었다, 가온누리유도관! '예수님의 복음으로 무장하여 세상의 중심이 되어라! 세상의 주역이 되어라!' 는 의미로 그리 짓게 되었다.

나름대로 유도관 운영규칙을 세우면서 그걸 지키려고 무척이나 애를 썼다. 먼저 외부의 도움을 단호하게 거절하였다. 앞서 '만메추다솜밥상' 의 사역도 마찬가지이지만 교회재정의 선교비 항목으로 이 모든 것을 감당하려고 애를 썼다.

그 이유가, 힘들게 운동을 가르치는 주된 이유, 바로 예수님을 모르고 복음을 모르는 아이들에게 자신 있게 복음을 전하기 위해서였다. 오랜 시간 운동을 지도해보지만, 유도라는 운동과 신앙이 접목될 때, 잠시 운동만 배우다 끝나는 잠깐의 시간이 아니라 끝까지 이어지는 진정한 만남의 시간이 되기 때문이다.

유도를 배우고자 할 때, 아이들과 학부모들에게 교회에 출석할 것을 권면하였는데, 감사하게도 많은 아이들이 이 일로 교회로 출석하게 되었다.

코로나 19라는 전에 경험하지 못한 2년의 시간이었지만, 감사하게도 우리 유도관은 한 달 정도만 휴관을 하였고, 지금까지 일주일에 두 번(화요일, 목요일) 운동하고 있다. 물론 마스크를 쓰고 운동하고 있다.

지금은 지역에 소문이 크게 나서 참으로 많은 아이들이 입단하고자 하지만 내가 지도할 수 있는 인원의 한계, 20여 명 정도를 지도하고 있다.

김대경 목사는 1991년 1년 동안 이 지역의 삼척탄좌 지하 550m 갱에서 탄을 캐던 인연으로 2004년부터 현재까지 정선지방 사북교회를 섬기고 있다. 주님의 조그마한 모습이라도 나타내려고 몸부림치지만 뜻대로 안 되는 부족한 사람이라고 고백한다. 카지노중독자들을 섬기는 '만메추다솜밥상'과 지역의 아이들에게 유도를 가르치며 예수님의 피 묻은 복음을 전하고 있다.

초록교회

무엇보다

성도들에게 다가갈 때,

이른바 '목사의 무게 있는 말과 행동'으로가 아니라,

때로는 가볍고 허물없이 친밀한 말과 행동으로

성도들에게 다가가려 했다.

또한 설교나 상담을 할 때 불확실하거거나,

잘 모르는 것을 애써 감추려하지 않았다.

목사도 잘 모를 수 있고,

더 배워야 한다는 것을 숨기지 않았다.

모두의 사랑방을 꿈꾸는 초록교회 이야기

하수광 목사 (동해 초록교회)

꽃밭을 이루는 교회

나 하나 꽃 피어 풀밭이 달라지겠냐고 말하지 말아라.
네가 꽃피고 나도 꽃피면 결국 풀밭이 온통 꽃밭이 되는 것 아니겠느냐.
나 하나 물들어 산이 달라지겠냐고 말하지 말아라.
내가 물들고 너도 물들면 결국 온 산이 활활 타오르는 것 아니겠느냐.

– 조동화, 『나 하나 꽃 피어』

어느 목사님께서 조동화 시인의 시에 곡조를 붙인 노래를 듣고, 순간 매료되었다. 이 시의 메시지에서 깊은 울림이 있어서 초록교회 성도들에게 그 노래를 소개하고, 예배시간에 함께 불렀던 기억이 난다. 성경에 기록된 글도 아니고, 기독교적인 표현이 담겨있지도 않은 이 시에서, 뜬금없게 '하나님 나라를 지향하는 공동체'가 하나의 이미지로 떠올랐던 것이다.

서울에서 수련목회자로 있을 때 신학교 동기 목회자들과 함께 목회를 고민하고 공부하던 모임이 있었다. 그 모임에서 내내 치열하게 함께 고민했던 바가 "하나님 나라를 지향하는 목회"였다. 강원도 동해시 천곡동 언덕에 위치한 초록교회의 담임자가 된 후에도 "하나님 나라를 지향하는 목회"에 대한 고민은 이어졌다. 아마도 평생을 품고 있어야 할 질문이 아닐까?

"하나님 나라를 지향하

지역사회 어린이들과 함께하는 초록도서관

는 목회와 교회 공동체"에 대한 수많은 질문과 고민은『나 하나 꽃 피어』시에서도 작은 통찰을 얻을 수 있도록 이끌어주었다. 특별하고 강력한 권위와 능력을 가진 목회자 한 사람이 중심이 되어 사람들을 모으고, 그 권위의 고삐를 당겨서 자신을 따르는 이들을 끌고 가는 장면을 이른바 '성공적인 목회'의 모델로 받아들이는 사람이 있다. 크고 향기 짙은 꽃 하나를 제대로 피운 것이라 할까? 하지만 그곳을 꽃밭이라고 부르는 이는 없다. 반면에 목회자가 자기 색깔을 지닌 꽃을 피우고, 여러 성도들도 모두 각자의 색깔을 지닌 꽃을 피우는 경우도 있다. 하나의 색으로 통일되지는 않았지만 그 다채로움이 영락없는 아름다운 꽃밭이다. 바울도 일찍이 이 꽃밭의 이치를 알았다.

> "온 몸은 머리이신 그리스도께 속해 있으며, 몸에 갖추어져 있는 각 마디를 통하여 연결되고 결합됩니다. 각 지체가 그 맡은 분량대로 활동함을 따라 몸이 자라나며 사랑 안에서 몸이 건설됩니다"(에베소서 4:16 〈새번역〉).

품이 넓으신 하나님이 다스리는 나라라면, 다채로운 꽃이 만발한 꽃밭과 같은 공동체가 '교회'의 참모습에 가깝지 않을까? 그래서 초록교회 신앙공동체에서 목사는 혼자 훌쩍 커버려서 자신의 그늘로 다른 꽃들을 시들게 만드는 역할이 아니기를 바랐다. 그러기 위해서는 목사 스스로 '특권의식', '권위주의', '계급주의'에 빠지지 않으려 늘 자신을 성찰해야 했고, 한국교회 성도들이 으레 만들어내는 '목사의 특권'들을 스스로 내려놓고 섬기는 자의 자리에 서야했다.

함께 먹고 배우는 친교의 시간

무엇보다 성도들에게 다가갈 때, 이른바 '목사의 무게 있는 말과 행동'으로가 아니라, 때로는 가볍고 허물없이 친밀한 말과 행동으로 성도들에게 다가가려 했다. 또한 설교나 상담을 할 때 불확실하거나, 잘 모르는 것을 애써 감추려하지 않았다. 목사도 잘 모를 수 있고, 더 배워야 한다는 것을 숨기지 않았다. 소그룹 제자양육을 할 때도 목회자가 일방적으로 가르치는 형식이 아니라, 함께 고민하고, 질문을 던지고, 서로의 생각을 나누는 형식으로 진행을 한다.

초록교회 목회의 중심이라고 할 수 있는 '심방'을 할 때도 마찬가지이다. 목사가 성도들의 가정을 방문을 하여 예배하고 대접을 받고 오는 것이 일반적인 심방의 방식이다. 초록교회에서는 각 가정을 목회자의 집에 초대하여 목사가 직접 한 요리를 성도들에게 대접하는 방식의 심방을 한다. 처음에는 어색해하던 성도들도 시간이 지날수록 마음 문을 활짝 여는 것을 느낄 수 있다.

교회 화장실 청소나 쓰레기통 비우기, 그리고 애찬 후 설거지까지도 누구보다 목사가 앞장 서 하려고 했음은 물론이다. 앞치마를 두르고 고무장갑을 낀 목사의 모습은 초록교회에서 그리 낯선 장면이 아니다. 물론 성도들은 그런 목사를 홀로 두지 않는다. 특히 교회의 직분자들은 내 곁으로 다가와 함께 동참하거나, 나보다 먼저 섬김의 자리를 꿰차면서 내가 걷어붙인 소매를 무색하게 만든다.

이러한 모습이 모든 교회공동체의 유일한 '해답'이라고는 결코 생각하지 않는다. 다만 초록교회에 새로운 신앙가족이 되는 분들의 상당수가 젊은 30~40대 초신자이거나 기성교회의 상황에 지치고 상처 입은 사람이었기 때문에, 목회자의 '권위'보다는 목회자의 '섬김'과 목회자와의 '친밀한 관계'가 필요했다고 확신한다. 한 걸음 더 나아가 생각해 보면, 초록교회가 이러한 색채를 지니고 있기 때문에 젊은 성도들과 가나안 성도들이 찾아오는 것은 아닐까 하는 생각도 한다.

준비되고 지속한다는 것

지금 생각해봐도 다행인 것은, 2015년 5월 초록교회의 담임목사로 부임할 때, 이미 "어떻게 목회할 것인가?"에 대한 방향성을 정해놓고 다양한 준비를 했다는 것이다.

서울에서 수련목회자 사역을 하면서 '감사하게도' 목회를 위한 사전 준비를 할 수 있었다. 담임목사님께 긍정적인 영향을 받았을 뿐 아니라, 교회학교에 국한되지 않은 장년부 설교와 소그룹 양육, 장례의 집례까지 다방면의 소중한 경험을 쌓을 수 있었다.

선교적인 활동을 위해서도 사전 준비를 했다. 번화가에서 살짝 벗어난 상가건물 5층에 위치한 작은 교회가 “무엇을 할지” 결정하고 준비하는 데에는 상당한 시간이 소요될 것이다. 하지만 초록교회는 전임목사님께서 일궈놓으신 ‘초록도서관’이라는 작은 도서관이 있었다. 물론 주중에는 도서관 공간, 주말에는 교회 공간으로 바꿔야 하는 수고가 필요했지만 말이다.

초록교회에 부임하기로 결정한 이후로, 서울에서 수련목회자로 사역하고 있던 나는 아내와 함께 도서관 사역을 위한 여러 가지 준비를 하였다. 독서지도사, 사회복지사, 심리상담사, 부모교육사 등의 자격증 과정을 공부하기 시작했고, 도서관의 장서 정리, 분류 방법과 유대인의 전통 학습방법인 하브루타(havruta) 교육법 등도 공부하였다. 또한 도서관의 자리를 지킬 사람으로서 다방면에서 ‘익히 알려진 책’(특히 인문학 분야)들을 다독하려고 노력했다. 이를 바탕으로 어린이들을 위한 독서, 체험, 놀이 활동들도 구상하였고, 이후에 초록도서관에서 실행하였다. 이러한 사전 준비가 초록교회와 초록도서관 목회에 결정적인 동력이 되었음은 물론이다.

오늘날 충분히 준비되지 않은 채로 단독 목회의 현장에 내던져지는 젊은 목회자가 얼마나 많은지 생각해 본다. 그들이 나태하거나 열정이 없어서 준비하지 않는 것은 아니다. 신학생 및 부교역자로 있던 시절에는 목회에 필요한 다양한 내용들을 준비할 수 있는 충분한 시간과 기회가 주어지지 않기 때문이다. 규모 있는 교회의 부교역자로 사역하는 시기에 교단과 소속된 교회의 지원에 따라 ‘단독 목회’에 대한 고민과 준비를 마치고 현장에 나올 수 있으면 얼마나 좋을까? 실제 목회 현장에서 뒤늦게 소모하는 무척 많은 시간과 재정을 아낄 수 있을 텐데 말이다.

목회와 사역을 '준비'하는 것에는 많은 에너지를 필요로 한다. 하지만 나는 오히려 사역을 '지속'하는 것에 더욱 많은 에너지가 소모되었다. 작은 교회의 특성상 심방이 중심이 되었던 목회와 작은 도서관을 기점으로 지역사회와 교류했던 초록교회의 사역에서, '지속성'이란 선택이 아닌 필수였다.

처음에는 기껏해야 두세 명의 성도들이었지만 하루가 멀다 하고 그분들에게 찾아가며 가벼운 만남을 지속했다. 당시에 교회에 나오지 않던 성도들도 지겨울 정도로 무작정 찾아가 커피 한 잔이라도 나눠마셨다. 일주일에 한두 번씩 심방했던 권사님이 일 년만에 교회에 오셨던 날 느꼈던 감격은 여전히 나에게 큰 동력이 된다. 목양해야 할 성도들이 꽤 늘어난 현재에도 여전히, 특별 심방 기간이 아닌 평소에도 성도들과 만나서 '식사'하고 대화를 나누는 기회를 꾸준히 만들고 있다.

초록도서관의 사역도 비슷했다. 지역사회의 어린이와 젊은 부모들을 위해 기획한 체험, 놀이, 교육 프로그램은 처음에는 고전을 면치 못했다. 상가 건물 5층에 위치한 민간의 작은 도서관에서 검증되지 않은 프로그램을 진행한다면, 누구나 미심쩍게 생각할 것이기 때문이다. 하지만 그 담을 허무는 것이 '지속성'이라고 생각한다. 오랜 시간 동안 변함없이 지속적으로 계속된다면 서서히 선한 영향력이 확장되지 않겠는가? 프로그램이 지속된 결과, 이제는 초록도서관 프로그램

초록교회와 도서관의 활동 이모저모

은 하루만에 모두 마감되는 인기 프로그램이 되었고, 비그리스도인들과 함께하는 인문학 독서모임은 4년째 서로 깊은 대화를 나누는 모임이 되었다.

다만 물적, 인적 바탕을 갖추지 못한 작은 교회가 목회와 사역을 지속한다는 것이 쉽지만은 않은 일이다. 이를 담당하는 우리 목회자 부부에게 노련미가 생기기 전까지는 정신적으로, 또 체력적으로도 무척 힘들었던 기억이 있다.

그럼에도 불구하고 '지속성'이 열쇠다! 꽃밭을 만들겠다는 마음으로 꽃씨를 뿌린들 가꿈과 자람의 시간이 충분히 지속되지 않는다면 꽃밭을 이룰 수 없는 것 아니겠는가. 성경도 이 평범한 진리를 우리에게 넌지시 전달한다.

> "여러분이 하나님의 뜻을 행하고서, 그 약속해 주신 것을 받으려면, 인내가 필요합니다"(히브리서 10:36, 〈새번역〉).

빛깔처럼 향기처럼

어느 날 예수님은 뜬금없이 "하나님 나라가 무엇과 같은가?"라는 질문을 던지시는데, 곧바로 예수님 스스로 말씀하신 두 가지의 답변이 놀랍다. "그것은 겨자씨의 다음 경우와 같다. 어떤 사람이 겨자씨를 가져다가 자기 정원에 심었더니, 자라서 나무가 되어, 공중의 새들이 그 가지에 깃들었다"(누가복음 13:19 〈새번역〉). "그것은 누룩의 다음 경우와 같다. 어떤 여자가 누룩을 가져다가, 가루 서 말 속에 섞어 넣었더니, 마침내 온통 부풀어 올랐다”(누가복음 13:21〈새번역〉).

초록교회에 부임하고 얼마 후, 이 말씀이 나의 마음에 큰 울림을 주었다. 초록교회 신앙공동체가 하나님 나라를 지향하고 있다면, 이 ‘겨자씨와 누룩의 비유’를 성도들과 공유해야 할 것만 같았다. 이 말씀에 초록교회의 희망이 깃들어 있다는 묵상도 하게 되었다.

십자가로 하나되기

교우들과 함께

겨자씨와 누룩은 매우 작고 보잘 것 없는 것이다. 하지만 이 작은 것들 안에 변화의 가능성이 있다. 자신이 사용되는 그 자리에서 어떤 영향력을 발휘하여 주변을 온통 변화시키는 것이 겨자씨와 누룩의 공통점이다. 겨자씨는 나무가 되어 많은 생명들이 그 가지와 그늘에서 쉼을 누리고, 누룩은 가루 서말을 온통 부풀어 오르게 만들어서 배고픈 이들의 허기짐을 달래준다. 작지만 놀라운 변화가 아닌가!

한 사람의 부족한 목회자인 나, 그리고 아무도 주목하지 않는 작은 공동체였던 초록교회에 '하나님 나라'를 지향하는 방향을 알려주는 말씀이었다. 그리스도의 몸이 된 교회가 이 땅에서 살아가는 방식은 무엇일까? 겨자씨와 누룩의 비유 속에서 희망을 찾으려 더듬거렸다. 그래서 초록교회는 주어진 삶의 자리인 동해시 지역사회 속에서 겨자씨와 누룩과 같은 '선한 영향력'을 흘려보내기 위한 길을 지금도 천천히 걷고 있다.

가장 먼저는, 앞서 언급한 초록도서관을 통해서 좋은 교육 프로그램과 자녀 돌봄, 위기 가족을 위한 정서적 지원을 제공하며 선한 영향력 사역을 진행한다. 또한 매년 지역사회에 도움이 필요한 기관이나 위기 가족, 또는 어려움을 겪는 목회자들에게 추수감사주일 헌금 전액을 흘려보내는 구제사역에 모든 성도가 동참한다. 이외에도 코로나19 감염병이 동해시 지역사회에 급격하게 확산될 때 방역 일선에서 땀 흘리는 보건소 직원들에게 긴급 지원을 했던 것처럼 초록교회의 도움이 필요한 곳을 지속적으로 찾고 있다.

초록교회는 이 모든 구제사역을 교회성장을 위한 홍보의 도구로 발판 삼지 않는다. 하나님 나라를 살아가는 하나님의 백성답게, 초록교회가 이 지역에 선한 영향력을 끼쳐서 하나님을 영화롭게 하는 것이 유일한 목적이다.

목회자로서 우리 초록교회에는 웃음소리가 끊이지 않기를 항상 기도한다. 목회자와 성도들이 서로의 부족함을 너그러이 받아주며 함께 진리를 찾아가는 친밀한 관계를 이룬다면, 이 기도는 이루어지리라 믿는다.

성도들의 교제(코이노니아)는 참 향기롭고, 교제가 풍성한 교회는 그 공기부터가 다르다는 사실을 기억한다. 그리고 그 향기는 교회 안에 갇혀있기보다 지역사회로 확산되어야 하지 않을까? 그래서 모든 이들에게 열려있는 사랑방으로 초록교회가 사용되길 기도한다. 초록교회가 주변의 사람들도 부담 없이 참여할 수 있는 친교활동, 식사교제, 야외소풍 등의 시간을 자주 갖는 이유가 바로 그것이다(지금은 코로나19 감염증으로 인해 함께 먹고, 마시며, 웃고, 떠들 수 있는 시간이 극히 줄어들었다는 점이 매우 아쉽다).

초록교회는 앞으로도 교회 안으로는 친밀한 관계를 통해 초록 빛깔로 물들여 가고, 교회 밖으로는 선한 영향력을 통해 향기를 전달하도록 부단히 노력할 것이다. 아직은 여전히 겨자씨와 누룩처럼 작고 부족한 공동체이다. 하지만 아름다운 빛깔과 향기로운 내음으로 가득한 꽃밭처럼 모든 사람이 누릴 수 있는 교회공동체가 되기를 소망한다.

하수광 목사는 누구보다 자신의 부족함을 잘 알기에, 늘 하나님을 의지하며, 성도들과 소통하는 목사이다. 앞서 가고, 높이 오르기보다 함께 가고, 널리 향기로운 목사로 기억되길 소망한다.

열린지교회

'더불어 숲'에서 진행하는 모임은 숫자에 연연하지 않고,
정말 아무도 참여하지 않는다고 해도
더불어 숲 팀원만으로도 충분히 강사와 강의,
그리고 독서를 통해 함께 누리고 즐기고 만족하자고 결의했다.
그러자 모임에 대한 많은 어려움과 두려움이 사라지고,
도전과 즐거움과 만족함이 충만했다.

"춘천 더불어 숲"이 만들어 가는 하나님 나라 이야기

박용한 목사 (춘천 연리지교회)

도토리가 땅에 떨어지다

가을 산행을 하다 보면 여지없이 참나무 밑에 도토리가 즐비하다. 그런 도토리 열매를 맺는 참나무의 싹은 "우연과 필연"의 결과이기도 하다. 도토리 열매를 주식으로 하는 다람쥐와 청설모는 겨울철 식량을 저장하기 위해 도토리를 땅속에 묻는다. 머리가 나빠 자신이 어디에 도토리를 묻었는지 기억하지 못한다. 땅에 묻은 도토리의 95% 이상을 찾아내지 못한다고 한다. 결국 땅에 묻힌 도토리는 싹을 틔운다. 하늘이 허락한 도토리와 다람쥐의 어리바리한 모습으로 도토리는 싹을 틔워 참나무로 성장한다.

"춘천 더불어 숲"은 이런 참나무처럼 우연과 필연이 만나 세상에 싹을 틔운 이야기다. 10년 전 척박한 춘천 땅에 나눔교회(박유식 목사)·민들레교회(안세현 목사)·연리지교회(박용한 목사)·은혜교회(성낙환 목사)·들꽃교회(정종태 목사) 등 다섯 교회가 싹을 틔우기 시작했다. 그렇게 각자 싹 틔우고 떡잎이 자라 꽃 피고 열매를 맺고자 고군분투했다. "시작은 미미하나 끝은 창대하리라"라는 욥기 말씀은 신장개업 가게의 모토이듯이, 개척교회를 시작하면서 "끝은 창대하리라"라는 문구가 가슴에 다가오는 것은 무리는 아닐 것이다. 그러나 "시작은 미미하나 지금도 미미하고 앞으로도 미미할 것이다"라는 현실을 자각하는 순간 수많은 개척교회는 멘탈에 붕괴가 온다.

도토리는 아무런 맛이 없지만, 묵을 만들고 양념장을 잘 섞으면 꽤 그럴싸한 음식으로 변한다. 그래서 "상수리나무의 원래 이름은 '토리'였다. 임진왜란 때 의주로 피난 간 선조는 제대로 먹을 음식이 없자 토리나무의 열매인 토리로 만든 묵을 먹었다. 묵 맛에 빠진 선조는 왜란이 끝나고 궁에 돌아온 뒤에도 토리로 만든 묵(도토리묵)을 즐겨 찾았다. 그래서 상시 수라상에 오르게 돼 '상수라'가 됐다가 '상수리'로 불리게 됐다"라는 이야기처럼, 비록 현실은 그럴지라도 좀 더 유쾌하게 세상에 하나님 나라를 맛보게 하는 목회를 할 수 없을까? 라는 궁리를 하기 시작했다.

'도토리 키 재기'라는 말이 있듯이 개척교회가 할 수 있는 사역이란 실상 별로 없다. 각자 나름대로 사역을 하지만, 지속적으로 하기는 사람과 재정, 네트워크를 가지고 있지 않는 개척교회는 대개 일회성으로 끝난 경우가 부지기수다. 교회를 통해 "하나님 나라 세우기"

라는 원대한 꿈을 품었던 목사에게 숲속 "도토리"가 현실임을 인정하는 것은 쉽지 않았다. 5년쯤 지나면 "도토리"임을 받아들이는 것이 그리 어렵지 않았다. "그래! 우리 교회는 도토리들이다. 그런 교회들이 모여 더불어 함께하면 금강송이 되지는 못할지라도, 참나무처럼 언젠가는 수많은 도토리열매를 맺지는 않을까?"

도토리를 땅에 묻다

"월터의 상상은 현실이 된다"라는 영화 제목처럼, 도토리들이 하늘을 품는 꿈을 꾸기 시작했고, 커피를 마시며 이런저런 궁리를 했다. 그때까지만 해도 몰랐다. 정말 이런 일이 일어날지! 상상은 상상으로 끝나는 것이 한두 번이 아니었기에! 그때도 성낙환 목사와 시골집에서 이런저런 이야기로 상상의 나래를 펼쳤던 것 같다. 지방이 같은 성낙환 목사와 박유식 목사가 꿈을 꾸었고, 또 다른 지방이던 정종태 목사와 안세현 목사가 나름대로 꿈을 꾸었다. 그런 상상의 나래를 펼치던 중 실행력 갑인 성낙환 목사의 주선으로 '5명의 목사들이 의기투합' 하는 사건이 일어났다.

서로 처음 보거나, 그전까지 얼굴만 아는 처지라, 자신들의 교회 이야기들을 꺼내 놓으면서 "와우! 나와 같은 고민을 하는 이들이 주변에 많네"라는 공감이 생겼다. 그만큼, 다섯 명의 목사들 이야기는 상상이 아닌 현실감과 열망이 응축된 상태였다. 마치 물이 99℃이었을 때 큰 변화가 없다가 1℃가 올라가는 순간 엄청난 에너지가 드러나는 것처럼, 모임은 순식간에 결성이 되어 일사천리로 진행이 되었다. 각자 마음에 품고 있던 하나님 나라 도토리를 함께 땅에 묻는 시간이었다.

NGO단체에서 일하는 목사, 농사짓는 목사, 커피 볶는 목사, 청을 만들어 판매하는 목사, 외지에서 온 대학생들이 주 구성원인 목사 등 전통적인 목회자 상과는 다른 캐릭터지만, 목회를 하면서 체감하는 교회의 사회적 공공성 및 코로나 이후 교회에 대한 고민과 느끼는 체감은 비슷했다. 게다가 교회의 존재에 대한 지향점들이 개 교회의 단순한 부흥성장이 아닌, 세상에 하나님 나라로서 역할을 감당하는 교회라는 같은 방향을 바라보고 있다는 점이 함께 할 수 있는 가장 큰 원동력이 되었다.

묻힌 도토리에서 싹이 틔다

"비록 처음 뿌려진 도토리에 비해 살아남는 비율은 낮지만 워낙 어마어마한 양의 도토리를 만들기 때문에 참나무는 숲의 주인공이 된다. 소설에 기승전결의 스토리가 있듯 숲에도 '천이'라는 개념이 있다. 게다가 참나무가 숲속 동물에게 퍼주듯이 베푸는 이런 행동은 생태계를 지키는 풍요로운 자산이 된다. 최고조에 이른 숲은 산불이나 벌목, 도로건설 같은 인위적인 교란이 없다면 종 다양성이 가장 높은 상태를 유지한다" (출처: KISTI의 과학향기).

모임에 대한 논의 중 모임의 이름은 "춘천 더불어 숲"으로 정했다. "나무가 나무에게 말했습니다. 우리 더불어 숲이 되어 지키자"라는 꿈은 여럿이 함께 숲이 되어 인간다운 세상을 만들어 가자는 고 신영복 선생의 생각처럼, 떨어진 도토리에 의해 발아된 싹이 틔워 참나무가 되고, 그 참나무 아래 풍성한 동·식물이 깃드는 "숲의 천이" 과정처럼, 작은 교회들로 세워질 '춘천 더불어 숲'도 미미하지만 점점 자라, 그 아래 풍성하고 다양한 하나님 나라가 이 땅 가운데 세워지기를 소망하며 첫 발걸음을 떼었다.

구체적인 모임의 방향과 형식을 구상하게 될 때, 대개 목사들만의 모임은 교회나 신학적인 주제에 한정짓는 경향이 농후하기에, 이것을 배제하고자 철저하게 활동가 영역에 한승환 형제를, 여성 영역에 엄효진 자매를 선정하여 각각의 주제를 각 팀에서 주도적으로 선정하여 다양함과 통일성을 갖고자 시도했다.

춘천 더불어 숲이 탄생하다 :

더불어 숲은 이런 방향성을 갖는다!

한국교회는 2,000년대를 지나면서 지극히 교회와 개인의 신앙으로 축소되었고, 사회적 책임은 붕괴되었다고 말할 정도로 허약한 체질이 되었다. 특히, 사회적 이슈에 대한 입장은 사회 기득권과 보수적인 면을 대변하면서, 정의로운 사회에 대한 세상의 요구에 철저히 귀를 틀어막았다. 더욱이 춘천의 지역적인 변방의식과 보수화된 기독교는 젊은 층과 진리를 추구하려는 일반인들에게 교회를 회피하게 하는

춘천 더불어 숲 동역자들

결과를 초래했다. 이러한 고민 속에서 우리가 지향하는 것은 단순히 교회의 영역을 넘어 사회로, 개인의 영성을 넘어 사회적으로, 남성문화를 넘어 여성과 동등함을 시도하려고 한다.

'더불어 숲'은 어떤 모임인가?

'더불어 숲'은 춘천을 사랑하여 건강한 기독교 생태계를 꿈꾸는 사람들의 모임이다. '더불어 숲'에는 크게 3가지 '숲'이 있다. '목회자 숲, 활동가 숲, 여성의 숲'이다. 이 세 숲이 연합하여 건강하게 푸르른 숲이 되기를 소망하고 있다. 특별히, 춘천지역의 지식생태계가 더 건강해지도록 세 숲에서는 각종 강연과 세미나, 그리고 스터디를 준비한다.

'더불어 숲'의 실질적인 운영방식

＊ 강의 선정 및 진행

- 각 팀(목회자, 활동가, 여성)이 선정한 주제와 강사를 각 4번씩 주최와 섭외, 그리고 진행을 하고, 다른 팀에서 참여와 홍보 나눔을 같이 하기로 하다. 세 숲은 서로 독립된 팀으로 간섭과 통제를 하지 않고, 협력적인 관계로 모임을 진행해간다.

＊ 모임 재정

- 재정은 크게 강사비와 모임준비비로 분류된다. 강사비는 우리 모임 재정에 맞게 30만 원 사이에서 책정했다. 평균 1회 모임 비용은 대략 40만 원 안팎이었다. 매 강의마다 1만 원의 수강료를 받아 진행했으며, 평균 20여 명이 참여했다. 또한, 함께 참여하는 교회가 정기적인 후원을 하도록 교회에 요청했다. 그리고

박총 작가 강의

강의가 진행되면서 모임의 취지에 동의하는 개인후원자들이 생기기 시작했다.

작은 교회 사역의 장으로 '춘천 더불어 숲'

춘천의 교회여건은 사역을 독자적으로 감당할 수 없는 작은 교회들이 다수이다. 독자적인 사역을 감당하더라도 얼마 못 가 재정, 사람, 네트워크의 현실적인 어려움을 겪고 원점으로 돌아가는 경우가 허다하다. 그렇다면 자립교회(경제적으로 자립한 규모 있는 교회들)는 독자적인 사역이 가능한가? 라는 질문에 예배 및 교회내 속회나 몇몇 훈련프로그램을 제외하면 별반 다르지 않다.

지방회 각 부서에서 진행하는 사역이 있기는 하지만, 이 역시 교회의 정체성을 드러내기에는 역부족임을 실감한다. 이미 정부나 사회단체들이 그동안은 교회가 감당해 오던 대부분의 사역을 막대한 재정과 인력, 그리고 네트워크를 가지고 훌륭히 하고 있기에 지금도 교회의 대사회 기능은 축소되고 있는데, 코로나19로 겪고 있는 팬데믹 이후 더욱 축소될 것이 명확하기 때문이다.

작은 교회의 연합을 꿈꾸다

'춘천 더불어 숲'은 일 년에 두 번 '연합말씀사경회'를 5개 교

아름다운가게와 함께하는 소외계층 바자회

회가 모든 성도와 함께 참여하고 진행하여 '작지만 강한 교회 네트워크'를 구성했다. 기존의 연합모임과는 달리 실질적인 주제와 강사를 통해 말씀과 교제를 하며, 5개 교회 모든 성도는 높은 참여와 높은 만족감으로 좀 더 구체적이고 의미 있는 사역을 함께하기를 열망했다.

이런 활동은 '아름다운가게와 함께 하는 바자회"를 통해 수익금을 소외가정에 후원하는 행사를 통해 좀 더 구체적으로 5개 교회 성도들의 자발적인 참여와 동참, 그리고 자원봉사로 섬기면서 그 수익금으로 이웃들을 돕는 실질적인 사역으로 자리매김을 하였다.

개교회가 할 수 있는 것이란 실제 미비할 수밖에 없는 상황에서 이러한 작은 연합의 기쁨은 규모는 작은 교회지만, 함께 하면 많은 것을 할 수 있다는 자신감과 교회의 정체성을 더욱 명확하게 자리매김

했다.

그뿐만 아니라, 작은 교회의 가장 큰 어려움 중 하나는 목회자의 자기 정체성 혼돈이다. 사역의 양이 중요한 것은 아니지만, 사역할 수 있는 장이 충분치 않은 작은 교회 목사로서 장기적으로 사역자로 살아가기 위해 정체성 문제는 매우 중요한 요소다. 그런 관점에서 '더불어 숲' 모임을 통해 다양한 주제에 대한 책을 독서하고 나누고 준비하며 그 분야에 전문가와 직접 만나 교제를 할 수 있다는 것은 굉장히 큰 유익이다.

공간 나눔

교회나 지방회에 머물던 시각과 피상적인 생각이 모임과 만남을 통해 구체적이고 폭넓은 관점을 가질 수 있었다. 더욱이 '더불어 숲'을 플랫폼으로 성서유니온, 강릉 아카데미 동행, 아나뱁티스트, 아름다운가게 등 다양한 단체들과 교제하며 네트워크를 통해 자신만의 은사와 부르심을 확인하는 시간을 가질 뿐 아니라, 목회자의 정체성을 뿌리깊게 내릴 수 있는 시간이었다.

작은 교회의 한계를 넘어 큰 숲을 품다

원래 시작할 때 서로 합의한 게 있다. "모임의 틀은 느슨하게, 강의는 알차게, 준비는 자발적으로" 한다는 것이 기본 전제였다. 개교회가 프로그램을 지속적으로 할 수 없는 가장 큰 이유는 '참석인원'에 목을 매기 때문이다. 신경을 전혀 쓰지 않는 것도 문제가 되지만, 숫자에 연연하는 순간부터 사역과 모임은 즐겁지도, 자발적으로 되지도 않는다.

그래서 '더불어 숲'에서 진행하는 모임은 숫자에 연연하지 않고, 정말 아무도 참여하지 않는다고 해도 더불어 숲 팀원만으로도 충분히 강사와 강의, 그리고 독서를 통해 함께 누리고 즐기고 만족하자고 결의했다. 그러자 모임에 대한 많은 어려움과 두려움이 사라지고, 도전과 즐거움과 만족함이 충만했다.

한웅재 목사 연말 콘서트

'춘천 더불어 숲' 이 걸어갈 발걸음

사상 초유의 팬데믹 속 지난 1년의 기간은 교회의 모든 것을 바꿔 놓았다. 교회의 예배 형태와 모습은 미증유의 온라인예배를 하고 성찬을 하는 현장 한복판에 서 있다. 교회의 역할은 더욱 축소되고, 목사들의 정체성을 찾을 수 있는 사역의 현장은 더욱 좁아졌다. 그러기에 '더불어 숲' 모임은 새로운 길을 걷는 발걸음이다.

* **'춘천 더불어 숲'을 플랫폼으로 팬데믹 상황 속 작은 교회 새 모델 추구**

- 개 교회로 베이스캠프를 삼되, 더불어 숲을 통해 연합사역을 추구한다. 이를 통해 하나의 손목에 다섯 손가락 형태의 모델을 추구한다.
- 주일예배 중심의 기존 목회에서 주중 일상사역으로 목회의 영역을 확장한다. 주중 일상사역은 다양한 영역(환경, 교육, 건강)에서 시민운동과 함께 동역한다.
- 목회자의 성장과 성숙을 위한 깊이 있는 멘토와 정기적인 만남을 통해 영성과 지성을 겸비한다.
- 교회는 개교회가 아닌 철저하게 공교회의 모습을 회복하기 위해서 지방회라는 형식적인 조직이 아닌 사역중심으로 교회들이 5~6개씩 하나의 교회로 움직여야 한다. 여기에는 교파도 초월하여 다양한 형태의 교회들이 연합하여 새로운 사역을 개발하고, 세상에 기여하며 공감하는 시민 속으로 들어가는 사역

이 일어나기를 소망한다.

*** 개 교회와 지방회라는 틀을 넘어 삶의 문제와 시대적 부름에 맞는 사역개발**

- 위드코로나 속 교회는 철저하게 사역중심으로 재편되어야 할 기로에 서 있다. 모임을 통해 기존 교회의 사역의 틀을 깨고, 새로운 틀을 장착한 교회로 세워, 비록 서로 다른 목회를 하지만, 서로의 은사를 활용하여 시너지를 낼 수 있는 One-Team 사역모델을 추구한다.
- 강의 위주의 사역과 함께 실질적인 미래의 삶의 문제인 "생태적이고 기후위기에 대비하는" 실천적 방안을 강구한다. 이를 위해 주중 활동의 장을 마련한다.
- 앞으로 전 지구적으로 가장 이슈가 되는 것은 기후재앙에 따른 생태적 삶과 플라스틱을 재활용하는 리사이클운동이 사회 각 분야에 급속하게 확산될 것이다. 이는 교회가 신앙의 영역을 넘어 실천의 영역에 관심을 가져야 하리라 본다.

*** 다른 지역에서도 "춘천 더불어 숲" 모임과 같은 세상 속 하나님 나라 운동 심기**

- 4년간 작은 교회가 연합하면 하나님 나라 운동을 드러낼 수 있다는 자신감과 확신이 생겼다. 그렇기에 다른 지역에서도 이러한 자발적 모임이 활성화되도록 우리의 네트워크와 운동성을 공유한다.

- 지역을 넘어, 지방회를 넘어, 차별을 넘어, 교회의 공공성을 사회 속에 실현시키는 운동으로 확산시킨다.
- 탈종교, 탈교회가 가속화될 현실에서 젊은 목회자들의 정체성 확립과 사역에 대한 기쁨을 함께 누릴 동역자를 세워간다.

지난 4년 동안 "춘천 더불어 숲"에서 주최한 강의내용

일 시	강 사	주 제
2018년 2월	최주훈 목사	루터에게 배운다 "질문하고, 저항하고, 소통하라"
3월	강호숙 박사	여성의 눈으로 본 성경
4월	송용원 목사	사회는 교회를 왜 포기하는가?
5월	박 총 작가	읽기의 말들
6월	김동문 선교사	오감으로 성경읽기
7월	김근주 교수	나를 넘어서는 성경읽기
8월	최성현 선생	자연농. 삶의 관점을 바꾸다
9월	최병성 목사	생태적 감수성
10월	박득훈 목사	자본주의와 기독교
11월	지강유철 전도사	다시 읽는 장기려 박사
2019년 1월	정명성 목사	시편을 통한 침묵기도
2월	양희송 대표	'세계관수업 북토크' 진짜 세상을 향한 시선
3월	조선희 작가	도서 "세 여자"로 본 : 여성 혁명가의 삶
4월	장기영 교수	개신교 신학의 양대 산맥 : 루터 & 웨슬리
5월	이정배 교수	역사 위에 선 기독교
6월	전성민 교수	세계관적 설교
7월	박유미 교수	여성의 눈으로 성경읽기
8월	남기업 소장	성서의 희년과 토지 공개념
9월	정혜신^이명수	너와 나를 위한 '공감'의 힘
10월	김상덕 박사	사진. 비폭력, 광장의 기독교
11월	한웅재 목사	이웃돕기를 위한 한웅재 콘서트
2020년 1월	김기현 목사	"모든 사람을 위한 성경 묵상법" 북 콘서트
	김기현 목사	목회자를 위한 설교 워크샵

일 시	강 사	주 제
2월	송대선 목사	시편 사색. 동양철학으로 읽는 '시편'
5월	심에스더 강사	납작해진 성
6월	김기석 목사	욕망에 사로잡힌 사람들
7월	우종학 교수	과학을 품은 신앙
9월	고진하 목사	시. 읽어주는 예수
10월	김진혁 교수	이야기꾼 예수 : C.S 루이스가 본 신앙에서 상상력의 중요성
11월	하희정 교수	온전한 인간(안드로포스)으로서의 여성
2021년 3월	김동문 선교사	이집트인 눈으로 본 레위기
3월	김주련 대표	'신앙 낱말 사전'으로 본 그리스도인의 언어
4월	백소영 교수	코로나시대. 마주봄의 원리. 드라마 속 윤리
5월	하희정 교수	젠더로 지워진 역사 읽기: 온전한 인간으로써의 여성
6월	안용성 목사	로마서와 하나님나라
7월	구미정 교수	놀이하는 인간. 그림으로 신학하기
9월	최종원 교수	팬데믹 시대. 교회를 다시 묻다
10월	백소영 교수	공동체적 성경 읽기

강의 포스터

박용한 목사는 사계의 정원처럼 삶은 24절기처럼, 목회는 교회력을 중심으로, 9년 전 '연리지교회'를 세워 하나님 정원에 작은 싹을 틔웠다. 4년 전 '춘천 더불어 숲'을 동역자들과 설립하여 또 하나의 싹을 틔우며, 교회와 더불어 숲을 가꾸고 있다. 정원사를 자처하며, 정원에 형형색색의 싹들을 틔우기 위해 매일같이 호시탐탐 사람들을 들쑤시고 다니는 목사다.

춘천사북교회

기껏 빵 하나같은 작고 가난한 자의 푼돈이지만
복음은 뜻밖의 행복을 불러일으켜
풍성히 선사하는 능력임을 신자들은 믿는다.
속회 안에서 말씀을 대하며
신자들은 돈을 축적하여 내 배를 불리려는 일에서 벗어나고,
제단 위에 아버지의 뜻대로
당신 자신을 봉헌하신 복음의 삶을 닮아가려고
마을보다 낮아져 마을을 담아보려는
수행을 염두에 두고 교제한다.

영성과 환경의 세기를 살아가는 마을, 교회

한울빛 목사 (춘천사북교회)

추례한 나만의 이야기

봄내에 둥지를 틀고 산 지 어느덧 30년이 되어간다. 목사가 되고 좌충우돌하며 갈팡질팡 지낸 세월도 엇비슷하다. 그리스도인으로 지낸 시간으로 말하면 그 두 곱이나 되었다. 파란만장한 인생궤적을 살아온 한 시인은 말했다. “어떤 일이든 3년은 해야 감이 잡히고, 10년은 해야 길이 보이고, 30년은 해야 나만의 삶의 이야기가 나온다.” 또 회갑을 맞았을 때, 무거운 돌을 짊어지고 살아온 인생의 몫을 이제부터 후배에게 물려준다 하시면서 ‘촌놈’ 선생은 이런 말씀을 건네셨다. “인생이 60갑자를 한번 돌면 지나온 삶을 정리할 수

한 겨울의 사북교회 전경

있어야 해."

지나온 30여 년을 되짚으며 선생과 시인의 말을 음미할수록 추레하기 그지없는 기억이 대부분이다. 남들 다하는 흉내를 버젓이 하려하거나 그럴듯한 꾸밈에 현혹돼 속 빈 강정으로 남지 않겠다는 결기도 내심 있었다. 섣불리 나서기보다 깊이 내려가 어설픔에 빠지지 않고, 넓은 데보다 남이 가지 않으려는 낯선 데서 길을 찾아보기도 했다. 그러면서 때로는 주워 담을 수 없이 분주하고 조급해했고, 무엇보다

눈뜬 맹인인 자신의 처지를 알지 못하고서 세상과 데면데면하며 어쭙잖게 살아온 왜소한 여정이 보일 뿐이다. 대체로 어영부영 바뀌는 강산이나 셈해온 내가 감히 무엇을 추려볼 건더기가 있을까.

교회의 이야기를 기록하는 일

여기, 농촌으로 들어와 신앙생활을 하게 되면서 어느 순간, 여기저기서 유행처럼 교회역사를 두꺼운 단행본으로 엮는 일들을 보면서, 그 내용의 무미건조와 천편일률에 나름 식상하다는 생각이 들었다. 일목요연하나 대동소이하게 정리된 이른바 '○○교회사'를 볼 때마다 수치와 이력으로 표현한 교회의 성장과 팽창을 주로 담은 '이것이 교회 역사의 진면목인가?' 하는 마뜩잖음을 지니게 되었다. 교회사라 하면 내게는 적어도 신앙공동체가 인내하며 정진해 온 신앙의 속살들을 총체적 이야기들로 진솔하고 풍성하게 담아서 읽고 보는 이들에게 신앙의 알맹이를 가늠하면서 그 알찬 맛에 다다르게 하는 것, 그 터 위에서 연년세세 신앙을 진일보하게 하는 나침반 역할이 아닐까를 생각했다.

처음교회는 생활하는 그리스도인들 그 한가운데 그리스도를 모시고 '그리스도는 부활하셨다'는 복음을 전하며, 그 시대가 낯설어하고 위험하게 여긴 주님 나라를 예수를 통해 배운 대로 묵묵히 살아온 처음 신앙인들의 삶에서 비롯되었다. 교회의 성장은 바로 부활신앙을 지닌 그리스도인들이 주님 나라를 살아온 삶의 결실이다. 교회의 역사는 다른 무엇보다 복음을 배우고 세례를 받고, 성찬으로 그리스도와 일치하는 예수의 사람들의 삶을 잘 갈무리하여 전승하는 데서 그 진가가 드러나는 것이기에, 사북교회는 이 점을 정말 중요한 신앙생활의 정체성을 밝히는 요소로 염두에 두며 정진하고자 힘쓴다.

'한 노인이 죽으면 박물관 하나가 사라지는 것과 같다'는 말을 한다. 한 노인의 인생 속에 박물관을 꾸밀 만큼 엄청난 역사가 있다는 의미로 새긴다. 이 말을 우리 교회에 적용하면, 마을과 사회에서 의롭고 성숙한 생활을 한 그리스도 신앙인들의 역사가 교회에는 가득하다. 진정한 교회 역사의 기록은 모세처럼 흐르지 않은 맑은 눈으로 시대정신을 꿰뚫으며 복음의 삶을 관통한 신자들의 활동을 중심으로 성찰하며, 이것을 꼼꼼하게 자료와 이야기로 밝히고 계승하며 승화하는 데 열심히 하는 것에 큰 의미를 두고 싶다. 사북교회는 일거수일투족 작거나 크거나 보이거나 안 보이거나 들리거나 안 들리거나 세심히 성령의 역사를 살피며 살아계신 주님을 증거하며 기록해 나가는 생동하는 교회가 되기를 기도한다.

예배하면서 기억하고 삶을 적어나가는 신앙

제사는 역사를 섣불리 지나치거나 흘려보내지 않고 오늘에 되살려 깊은 뜻으로 "기억" 하는 일이라 한다면, 사북교회는 예배를 통해 신앙공동체의 지나온 신앙의 신비를 뒤처졌거나 낡았다며 섣불리 매몰하지 않으려 경계한다. 도리어 우리에게 예배는 옹달샘처럼 계속 솟구치는 복음의 진수를 이어서 이 땅에 쉼 없이 흘려보내는 하늘의 잔치와 같은 것으로서, 은총과 자비의 주님을 사랑하여 예배하기를 참으로 즐거워하고 좋아하는 신앙공동체이기를 염원한다. 교회 사제의 본 모습이 이것 아니겠냐고 한 정교회 사제는 이렇게 고백했다. "나는 주님 예배하기를 즐거워하는 사람이어서 사제를 하는 것이다."

나는 행정력과 가르치는 교사의 능력도 갖추고 목회하는 목사로 시작했지만, 사실은 주님께 제사(예배)하는 만인을 위한 교회의 사제여야 한다. 내가 속하여 예배하는 기독교대한감리회 사북교회는 "무엇보다도 그리스도의 현존으로 말미암은 하늘과 땅의 화해와 천상의 것과 지상의 것이 서로 침투하며, 하나로 뒤섞이는 곳"이기 때문이다. 하지만 그동안 개신교회에서 목회하는 목사로 지내 온 내 현실은 일하는 즐거움은 차치하고서라도, 실적 올리기에 전전긍긍하며 승진의 압박으로 버텨 온 영업사원의 형편과 크게 다르지 않았다. 물 위의 오리처럼 겉과 속이 솔직하지 못하고 평정과 균형에 어려워하던 지난

영성의 샘 강단

시간을 되돌아보니, 지금 사북교회에서 누리는 신앙생활이 참으로 다행이라고 여기며 감사하고 있다.

대개 목회 안에서 '예배하기'는 목회 활동의 일부분으로 여기거나 수단일 때가 많았다. 우리 사북교회는 이 예배를 신앙생활의 일부나 목적을 달성하려는 수단으로가 아니라 신성한 제사로써 자주 중단없이 하려고 힘쓴다. 이는 신앙생활의 나날들을 즐거워하며 꾸준히 축적하는 교회의 성실함이 있을 때 가능할 것이다. 사북교회는 '그리스도의 사계절'(전례력) 안에서 매주 주의 날을 작은 부활의 날로 경축하며, 예배 안에서 성장하는 신자들의 작은 이야기들을 써 내려가고, 교회의 신앙을 더욱 풍성하고 또렷하게 빚어가기 위해 정성 바치는 일에 힘쓰고, 그 무엇보다 우선하고 즐거워하는, '리뚜르기아를 위해 모인 신자들'임을 자부한다.

아무것도 하지 않으려는 교회

사북교회는 목사가 원하지 않는 것을 신자들에게 하지 않고, 신자들이 싫어하는 일들을 목사가 무리해서 하지 않는, 말 그대로 아무것도 하지 않는 것을 하려는 교회이다. 단지 사북교회는 하느님을 예배하는 기쁨에 가득한 그리스도인의 생활을 즐거워한다. 예배는 그리스도 신앙생활의 핵심이다. 예배에서 그리스도인은 희생과 헌신, 겸손과 섬김, 가르침과 봉사와 나눔을 배우고 익히며 결단한 것을 실천한다. 즉, 예배에서 그리스도인은 케리그마, 디다케, 디아코니아, 코이노니아를 통합하여 경험한다. 그러니 다른 그 무엇에 기웃거리거나 분주할 일이 없다.

내 첫 스승은 이것을 친히 일깨워주셨다. 예배 없이 하는 활동은 헛꽃을 피우려는 허망한 헛짓이라 하셨다. 교회는 예배를 성령과 진리로 하지 않고 수단이나 기능으로 삼는 그 어떤 꿍꿍이나 꼼수를 늘 경계해야 한다고 하셨다. 신앙생활의 핵심은 예배에서 주님께 자신을 봉헌하신 그리스도를 받아 모시는 성찬의 예배에 있다. 우리는 말씀의 예배와 더불어 이 성찬예배에 진심을 다하는 일을 신앙공동체의 중심에 두기에, 그리스도께서 말씀하신 복음을 온전히 예배 안에서 경험하는 그리스도인은 다른 것들에 마음 뺏기지 않고, 신앙생활에 실상 필요한 이 한 가지를 지키려 노력하는 모습으로 나타난다(누가복음 10:41~42).

그리스도를 양식 삼는 사람들

이처럼 교회 역사와 전통, 신앙과 경험 안에서 증언하는 당연한 일을 나는 늦게야 깨닫게 되었다. 더욱이 발칸 유럽의 정교회 수도원들을 수차례 방문하여 전례(신성한 리뚜르기아, Θεια Λειτουργια)에 참여한 경험은 그야말로 지나온 '목회자'의 낯을 들 수 없게 하는 '첫 경험'이었다. 거듭하는 리뚜르기아의 체험은 오랜 전통으로 간직해 온 거룩한 예배의 신비에 새로이 친근하게 되는 기회가 되었고, 하느님 예배하기를 중심에 두고 하는 신앙생활에 확신과 열심을 주었다. 입

수체비차수도원

브르사나수도원

만 즐겁고 배만 기형으로 불리는 쌀밥에 인스턴트만 먹어 각종 질환에 시달리다가, 잡곡밥에 생명 가득한 먹을거리를 골고루 섭취하라는 전문의의 처방전을 건네받은 그 이상의 강렬한 치유와 은총의 경험이었다.

이로써 사북교회와 신자들은 예배에서 창조질서의 자유로움과 생동감 넘치는 행복에 겨워하며, 스스로 교회와 함께 주님 나라의 삶의 방식을 따르려 나날이 힘을 다하는 경향으로 힘써 나아가고 있다. 이는 말씀이 육신이 되어 죽으시고 부활하신 그리스도를 더욱더 사랑하는 길이 되기 때문이다. 이는 그리스도인으로 불리는 사람이 세상 한복판에서 증언하는 생명과 진리의 모습이기 때문이다. 우리에게 예배는 그리스도의 자비와 용서와 사랑을 표현하는 원인이 되었다.

한국 정교회 출판사에서 낸 『25시, *Vinght-cinquième heure*』의 작

가이자 정교회 사제인 게오르규의 『25시에서 영원으로』는 거룩한 사제인 아버지 콘스탄틴에 대한 찬양시이다. 그가 아버지를 통해 밝히는 사제 삶의 장엄하고 엄숙한 정체성은 개신교회 얼치기 목사인 나를 다시금 발가벗겼다. 좀 길지만, 이 땅 곳곳의 작은 교회들을 생각하며 여기에 남겨두고 싶다.

> "적어도 한 사람 이상의 신자가 참여하지 않으면 사제는 신성한 리뚜르기아를 포함해서 거의 대부분의 예식을 거행할 수 없다. 그런데 많은 경우 이 두 번째 사람은 바로 나였다. 우리는 예식을 거행하는 사제와 단 한 명의 신자가 있는 곳에는 언제나 하느님이 함께 현존하신다는 것을 안다. 이 셋, 즉 하느님과 사제와 한 명의 신자는 그 자체만으로 하나의 완전하고 거룩하고 사도적이며 보편적인(catholique) 교회를 구성한다. 하느님과 내 아버지와 나, 이렇게 셋인 우리는 교회를 형성했다. 그리스도의 신비로운 몸을 이루었다. 우리 정교회에서 '가톨릭'(catholique)이란 형용어는, 양적으로 지상의 모든 백성 모든 장소로 뻗어간 교회를 의미하는 것이 아니라, 질적으로 모든 교회를 의미한다. 왜냐하면 하느님과 연합된 사람은 누구나 온 세상과 연합한 자이기 때문이다. 그러므로 어떤 교회도 하느님과 내 아버지와 나 이렇게 우리 셋으로 구성된 교회보다 더 위대하고 더 보편적이고 더 가톨릭할 수 없었던 것이다. 비록 우리는 빼트로다바의 깊은 산중에 있는 작은 목조성당에 모인 셋에 불과했지만 말이다. 나는 이것을 알고 있었다. 나는 우리가 그보다 더 위대할 수도 더 보편적일수도 없는 하나의 교회를 형성하고 있음을 알았다. 왜냐하면 하느님보다 더 위대하고

루마니아의 보로네츠수도원

불가리아의 릴라수도원

더 보편적인 것은 잊을 수 없는데, 바로 그 하느님이 우리와 함께 하셨으며, 모든 것을 대표하셨기 때문이다. 우리의 삶의 절정은 신성한 리뚜르기아의 거행이었다. 유카리스트(Eucharist, 감사의 성찬예배)는 그리스도의 희생을 반복하는 것이 아니다. 그것은 언제나 우리 눈앞에서 일어나는 오직 하나의 유일한 희생제사다. 나는 참으로 그리스도의 목격자였고, 그분과 동시대인이었다. 그분의 삶과 그분의 골고타 고난과 그분의 부활의 증인이었다. … 모든 그리스도인이 그리스도와 동시대인이다."

그리하여 사북교회는 모든 주일에 신자들과 더불어, "더 이상 구유에 누워 있지 않고, 소박한 여인의 팔에 안겨 있지 않으며, 자신을 우리에게 모두 내어 주어 제단 위에 있는 그리스도의 몸"을 함께 받들어 모시며, "그분을 단지 보기만 하는 것이 아니라, 그분을 만지고 있다. 그분을 단지 만질 뿐만 아니라, 그분을 먹는다." 그래서 "우리들의 내적인 거처에 그분을 모시고 있다"(성 요한 크리소스톰).

제단 위에 자신을 봉헌하신 그리스도를 본받아 - 속회 생활

교회에는 작은 교회, 곧 속회가 있다. 고유하게 전래하는 마을 이름을 따서 속회 이름(사탄외면『史呑外面』, 사탄향『史呑鄕』, 토둔이, 걸기, 챙벌 등)을 지었다. 내가 몸 붙이고 발 디뎌 살아갈 주님나라의 실제가 거기서 이뤄지기 때문이다. 주의 날에 주님을 받아 모신 신자들이 생활과 말씀을 나누고 찬미의 노래를 부르는 속회는 여느 속회처럼 헌금을 한다. 그리고 이는 이곳저곳 필요한 곳들에 전달한다. 월1~3만 원씩 12곳이다.

화해와 평화, 통일운동을 하는 단체, 환경과 농민단체, 시민언론, 자선봉사 단체 등에 다달이 자동이체한다. 비록 적은 금액이지만 교회의 손과 마음이 미치지 못하는 하늘의 일을 꿋꿋이 감당하는 이들과 동행하고 연대하려는 뜻이다. 때로는 국내외에서 다급한 일이 발생하면 십시일반 모금을 하여 힘을 보태기도 한다. 우리도 종종 도움을 필요로 했고, 받은 때도 있었기에 기꺼이 나누려는 행동이다.

기껏 빵 하나같은 작고 가난한 자의 푼돈이지만 복음은 뜻밖의 행복을 불러일으켜 풍성히 선사하는 능력임을 신자들은 믿는다. 속회 안에서 말씀을 대하며 신자들은 돈을 축적하여 내 배를 불리려는 일에서 벗어나고, 제단 위에 아버지의 뜻대로 당신 자신을 봉헌하신 복음의 삶을 닮아가려고 마을보다 낮아져 마을을 담아보려는 수행을 염두에 두고 교제한다. 신자의 삶을 깊이 하는 동기로 작동하는 모든 마을일에 동참하면서 섬기고 나누는 생활을 서로 배우고 격려하는 데 마음을 쓰고 지낸다. 이렇게 모든 좋은 것을 나누는 신앙을 쌓아갈 때, 주님은 그리스도 신앙인의 중심이 되시어 충성된 일꾼들을 부르시고, 그들이 피, 땀, 눈물로 씨앗을 뿌리는 대로 결실하게 하신다는 신앙에 바로 서기 위하여.

얼굴에 땀을 흘리며 생명을 빚는 바른 농부의 길

내 첫 스승은 평생을 농사하며 사셨다. 하늘을 이 땅에서부터 살기 위해 몸으로 애쓰신 분이다. 하늘이 살라고 한 그 모습대로 살아가려고 십계명을 넘어서 얼굴에 흘리는 땀으로 땅을 일구고 먹을거리를 얻는 수도자의 길을 걸으신다(창세기 3:19). 평생의 삶이 손발과 온몸을 부지런히 하여 군더더기가 붙지 않는 정갈한 일상이시다. 참말로 흙에 딱 달라붙은 토착 그리스도인이다. “소리에 놀라지 않는 사자처럼, 그물에 걸리지 않는 바람처럼” 흙 속에서 하늘 이야기를 보석처럼 캐내는 농부의 경지를 몸으로 살고 계신다.

이제는 사람이 아닌 노인(no人)이 되셨으나, 쓸데없이 힘을 들지 말며 도리어 그 지닌 힘을 쓰면서 살라고 몸소 보여주신다. 어릴 때부터 힘쓰는 일을 하고, 땅 일구고 씨앗 뿌려 가꿔 살 줄 알면 세상 어디에서도 생존한다고 하신다. 농촌에 농사일하는 젊은이들이 없다. 저 무덤가의 늙고 꼬부라진 소나무 같은 노인들뿐이다. 우리 마을을 가르는 도로가 확장되고 마을이 더 해체되기 전에 교회에는 어느 정도 학생들이 있었다. 농부의 자식들이라 해서 농사를 돕거나 관심 갖지 않는다. 농사를 아예 모르고, 부모는 이를 가르치려 하지도 않는다.

농촌은 말 그대로 도시가 아니며, 그 도시와 다르게 현대의 문화, 교육, 의료, 경제활동에 결핍과 제한이 많다. 넘치게 소비하고 시끌벅적 화려한 도시문명을 동경하게 하는 사회구조에서 젊은이들이 농촌을 등지는 것은 어쩌면 당연지사다. 농촌의 교회 현실도 같은 처지이다. 언제까지 농촌의 열악한 상황을 외면하고, 암담한 상황을 바깥의 물리적, 일방적 시혜로 막을 수 있을까. 열악한 상황에 놓여 있는 농촌의 교회는 과거 세대인 노인이 다수를 차지하는 이곳에서 자라나는 미래 세대들에게 무엇을 제공할 수 있을까.

몸을 써서 땀 흘려 일하면서 스스로 먹을거리를 생산하고 이웃에게 나누며 어려운 이들은 도우면서 다 같이 웃으며 살아가는 세상을

(사)정농회의 연수 모습

일본의 '애농회'와의 한일 평화교류회

주님의 손길이 되어 새로이 빚어가는 일꾼들, 세계인이 되기를, 사북교회는 마을의 미래 세대들을 위하여 기도하였다. 함께 고군분투하며 부모들이 하듯 농사짓는 경험을 쌓으며 부모의 삶이 대표하는 농촌과 농민과 농사의 앞날을 체득하는 기회를 만들었다. 우물 안 개구리를 벗어나 내 자리한 곳을 밖에서 멀리서 높은 데서 다시 볼 기회를 만들어 유럽 일본 미국 등 더 넓은 세상을 찾아다니며 살펴보게 하였다. 청년들 곁에서는 많은 선생들이 시시때때로 그들의 마음과 뜻을 톺아가도록 해주었다. 현재는 늠름히 장성한 청년들이 농촌에 되돌아와 가정이라는 자리를 잡고, 농사짓거나 세상 경험으로 발견한 은사대로 일하면서, 후사들과 뿌리내리려고 전전긍긍 씨름하는 시점이다.

지금은 새로운 도약 또는 전환이 필요한 때이다. 하늘·땅·바다 등 자연생태계 환경은 극심하게 오염·훼손됐고, 기후변화의 불가항

력 재앙은 예고됐고, 인류는 차별과 격차와 차이에 다치고 쓰러지고 방랑하며 버림받는 지경에 이르고 있다. 누구 할 것 없이 예수의 사람들, 교회는 세상 속에서 무엇을 어떻게 실천하며, 본디 자리를 지켜야 할 것인가. 생활하는 청년들은 세상사에 휘둘리지 않으려 몸부림하고, 지금 여기 우리들이 지닌 형편 안에서 복음의 실천을 궁구하는 움직임을 보이는 중이다.

아토스 성산의 파이시오스 성인은 찾아오는 이들을 향해 이 말씀을 즐겨 하셨다고 기록한다. "삶의 목표는 단지 죄를 짓지 않는 것이 아니라 영적으로 하늘을 향해 날아오르는 것이다." 사람은 무엇을 가장 많이 바라보느냐에 따라 삶도 달라진다는 사실이다. 교회와 신자들은 무엇을 바라보아야 할까. 그리스도인이라 해서 먹고사는 일을 업신여기고 가족과 이웃을 외면하는 게으름은 용납되지 않는다. 삶에 기본이 되는 일들에 성실해야 한다. 그러면서 생존에 더 치열해져 가는 이즈음에 그리스도인으로서 그리스도의 사랑과 복음에 얼마나 더 집중하며 사느냐를 청년들과 함께 숙고해본다. 이 땅에서 하늘의 일을 이뤄갈 현실 속 우리들의 궁극의 모습을 살펴본다. 우리는 인간의 몸을 입고 이 땅에 오신 분이 다시 하늘로 오르신 승천의 신비한 길을 응시한다. 주님께로 날아오르려는 순수한 지향이야말로 그리스도인이 평생 죽자 살자 도달해야 할 신앙생활의 목표 아니겠는가.

주님께 이르는 길을 걷는다

스승께서 일찍이 신앙수행의 안내서로 삼으라며 주신 핀란드의 정교인 티토 콜리안더(Tito Colliander)의 『수덕교본(The Way of the Ascetics)』을 펼친다. 주님께로 가는 길을 찾는 그리스도인들이 일상의 경건생활에 실제로 적용할 수 있게 도움을 주는 책이다. 한 곳에 이런 대목이 있다. "그리스도인은 일을 통하여 신앙을 증가시키고, 기도를 통하여 일할 수 있는 힘을 얻는다. 그러므로 일과 기도가 함께 밀접하게 이루어지며, 마침내 함께 흘러가서 하나가 된다. 그의 일은 기도하기 위한 것이 되고, 그의 기도는 그의 일이 된다. 이것이 바로 성인들이 영적인 활동, 마음의 기도, 또는 예수 기도라고 부르는 것이다."

전 생애를 기울여 수행하신 '예수 기도' 안에서 헤시카즘(Hesychasm) 영성에 젖어들고 맛들이도록 힘써 채근하신 스승님이 더욱 그립다. 나는 스승의 기도에 정진하는 삶에서 기도의 신비를, 생명의 일을 할 때 베푸시는 주님의 기쁨을 비로소 설핏 알아채었다. "호흡할 때마다 예수를 기억하라. 너는 거룩한 고요의 가치를 알게 될 것이다"(성 요한 클리마코스). 스승은 분리되거나 나뉘지 않고, 어느 쪽에 치우치거나 기울지 않게 균형과 조화를 이뤄가는 일치의 신비를 바라보라 하셨다. '오호라, 너는 골방에만 있거나 일터에만 머물러 어느 한 쪽을 폄하하거나 게을리 하지 말며, 그리스도와 함께 그리스도를 향하여 오늘 주어진 세상 삶의 자리가 그 어디든 그 무엇에든 기도처와 일터로 삼고 무소의 뿔처럼 꿋꿋이, 백척간두 진일보로 살아가라', 스승은 시시때때로 경책하셨다.

세상의 한복판에 있는 교회의 참 모습

일본 오사카의 서쪽, 건설업을 중심으로 일용직 노동시장이 열리는 소외된 도시공간이자 그들의 간이숙박업소가 모여 있는 가마가사키(釜ヶ崎)에서 노숙하는 이들과 살아가는 최정석 형이 계신다. 이곳 7평의 협소한 식당 '이코이노 이에'(憩の家)에서는 일주일에 두 차례 주먹밥과 국을 만들어 공원에서 대접하고, 기부받은 물품을 저렴하게 또는 무료로 나누는 바자회(bazar會)를 열고, 이발과 법률상담을 하며, 자활을 위한 유기농장 운용과 추운 겨울 노숙하는 이들의 생명과 안전을 도모하는 갖가지 활동을 하고 있다.

첫 방문 때에, 나는 입구에 달린 놀라운 그림 한 장을 보았다. 이

구호라인의 그리스도(출처: 가톨릭일꾼)

그림은 형의 스승인 가나이(金井) 목사가 선물로 받아 걸어놓은 프리츠 아이젠버그(Fritz Eichenberg)의 〈구호라인의 그리스도〉(Christ of the Breadline, 1953)라는 작품이었다. 이곳의 신앙과 정체성을 한눈에 보여주고 또렷하게 말하는 판화였다. "예수님은 낮은 자들 곁에 늘 함께하신다." 가나이 목사에게 예수는 배고픈 이에게 밥을 퍼 주는 시혜자가 아니라 밥을 타는 사람들 사이에 섞여 그들이 되어 줄서있는 수혜자의 하나였다. 그는 우뚝 서서 눈에 띄는 복식을 갖추고 보란 듯이 밥 퍼주는 이들을 멀리하셨다. 예수님은 도움을 필요로 하는 이의 모습으로 그리스도인(교회)에게 오시며, 교회는 예수님께 하듯 가난한 이웃들을 귀한 손님으로 환대하고 천사처럼 맞아야 한다는 신념으로 평생 사신 분이다. 이 작품은 그분의 삶을 웅변하고 있었다.

나는 참으로 하느님 중심에 서서 하느님을 예배하는 교회와 하느님 나라 일꾼의 모습을 가마가사키의 노숙자 쉼터에서 확인하였다. 가나이 목사는 평소에도 노숙자 행색이라서 쉬이 구분하기 어려울 때가 많았다. 예수를 붙잡기 위하여 대제사장들과 율법학자들과 장로들이 보낸 무리가 칼과 몽둥이를 들고 겟세마네 동산에 왔을 때, 유다가 보낸 입 맞추는 신호로 예수를 알아보아야 했던 상황만큼이나 말이다(마가복음 14:43~45).

맨 끝자리를 탐하는 영의 이기심을 넘어서

또한 같은 지역에는 일용직 노동자로 살아가는 이들의 눈으로 읽는 신약성경을 번역하여 출간한 세계적인 성서학자요, '노숙인의 친구'로 불리는 혼다 데쓰로(本田哲郎) 신부가 살고 계시다. 혼다 신부는 일본 관구장직을 내려놓고(1989년) 지금껏 2~3평 남짓의 비좁은 쪽방 생활을 하며, '더 이상 낮아질 수 없는 곳에서, 더 이상 작아질 수 없는 이들과 함께' 지내신다. 지금도 매주 성서 읽기와 배우기를 함께 하신다.

혼다 신부는 처음에 큰 착각 속에 빠졌다고 하신다. 처음 가마가사키에 와서 그들과 똑같이 인력시장에 나가 일거리를 찾고, 일이 끝나면 동네 목욕탕에서 함께 목욕하고, 같은 식당에서 밥을 먹는 생활이야말로 이들과 같은 처지에서 이들을 지원하고 돕는 것이라고 여겼다. 그러나 어느 순간, 자신은 결코 이들의 처지에 설 수 없다는 현실을 직시하게 되었다. 그때부터 하느님은 더는 작아질 수 없는 사람들을 통해 이 세상에 오시고, 도리어 그들로 인해 자신이 그리스도와 하나가 되는 기쁨을 누린다는 고백을 하게 되었다. 그는 사제로서 그

이코이노 이에(노숙인 쉼터)

혼다 신부의 성모 마리아의 집

들 아래로 더 내려가 그들을 만나서 배움을 청하고, 그들에게 연대를 보내며, 그들의 감성에 젖는 것을 통하여 모두를 해방하는 하느님의 은혜를 경험한다고 고백하신다. 자신이 할 수 있는 일은 노숙이라는 나락으로 떨어지도록 강요당하는 그들보다 더 낮은 자리로 내려가는 것뿐이라 말씀하신다. 내가 묻지 않았으면 굳이 하지 않으셨을 말씀이다.

혼다 신부를 늘 가까이서 대하며 지내는 선배는 가나이 목사에게 줄곧 들어 온 한 말씀을 내게도 들려줬다. "사람들 위에 군림하려고 들지 마시오. 그리스도처럼 누구보다 더 낮아져야 하오. 함부로 가르치려 하지 말고 도리어 경청하시오. 내가 한 일의 성과를 드러내려고 하지도 마시오. 주먹밥을 먹기 위해 두세 시간씩 기다리고 있는 긴 줄, 그 줄의 맨 끝에 주님이 계신다는 걸 잊지 마시오."

지금 내가 지내는 목사의 일과 농부의 일이 둘이 아니라 하나이며, 성전과 일터 또한 그러하다. 나는 농촌에 세워져 있는 교회의 목사이다. 농촌은 농사짓는 곳이다. 여름날 뙤약볕에 밭일하는 농민들 앞에 양복 정장을 하고서 논둑이며 밭두둑을 어정거리는 농촌 목사의 모습은 도무지 어울리지 않는다. 예수는 그 시대 상황 속에 녹아드셨다. 사람들과 화목하셨다. 오죽하면 사람들이 빈정거리며 부르는 "먹보, 술꾼, 세리와 죄인의 친구"(누가복음 7:34) 같은 별명이 붙으셨을까.

예수는 세례자 요한과 달리 인생들 한가운데로 들어가 어울리셨다. 내 스승들과 가나이 목사와 혼다 신부에게서 발견하는 모습이다. 그렇게 주님은 그들에게 받아들여졌고, 하느님 나라에 그들이 들게 하심으로써 당신의 생명과 진리 행로를 증명하고, 인정받는 지혜자의

혼다 신부가 인도하는 성경공부

면모를 드러내셨다. 농촌에서든 그 어느 세상에서든 보냄 받은 사람이 지녀야 할 참모습은 어떠해야 옳을까.

새 하늘, 새 땅, 환희의 동산을 위하여

나는 농촌에서 나고 자랐으나, 농사를 알지 못했다. 그러나 나를 품은 배경은 농촌문화이고 농민의 처지였다. 목사가 되어서도 나는 농촌을 동경했다. 80년대 말, 다가오는 새로운 환경에 맞닿으며 교회의 목회란 무엇이고, 어떤 목사의 길을 가야 할지를 묻게 되었다. 그러다가 프리초프 카프라(Fritjof Capra)인지 누구인지 '앞으로 21세기는 영성과 환경의 세기'라는 글을 읽었다. 이는 당시 내가 시대를 향한 교회의 지향과 목사의 역할(목회)에 대해 마음과 뜻을 번뜩이게 하는 중

일터 모습

요한 계기였다. 그때부터 10여 년 세월을 관련 책을 읽고 활동 단체나 사람을 직간접으로 대하고, 결국은 농촌에 똬리를 틀게 됐다. 그리고 실제 농사를 짓기에 이르러, 농부로 20여 년 세월이 흘렀다.

어릴 때부터 힘쓰고 일하는 가치를 알게 하는 일, 마을이 친환경 생명농사에 뛰어들게 하는 일, 생의 바탕에 농을 두어야 한다는 정신, 농사를 짓되 돈 버는 농사보다 바르게 농사(正農)를 해 왔다. 그러다 보니 흔한 일은 아니지만 돈도 벌리게 된다는 농사를 대하는 농부의 자세, 안정적인 농민생활에 기본적인 소득을 마련하고, 건강하게 생산

흐르는 땀이 외로움을 이긴다.

한 먹을거리를 두루 나누는 농민운동, 기후변화와 식량위기의 시대에도 희망할 수 있는 농사의 실천, 농을 바탕으로 화평을 살아가는 이들과 유대하며 연대하는 일, 일만 하는 소가 아니라 하느님 지으신 이 좋은 세상도 함께 즐길 줄 아는 문화생활 등이, 우리 교회가 걸어왔고 계속 나아가게 하는 길이 되었다.

생명의 나무는 어디에? 흥성(興盛)의 길, 망쇠(亡衰)로 가는 길

우리 교회가 허리를 숙여 겸손히 들어야 할 광야의 소리, 이웃한 사람들의 소리는 무엇일까? 인류의 뿌리가 되고, 공생공존의 생활문화를 간직한 농촌에서 외치는 소리에 공감하고 동참하는 것이 농촌의

교우들과 함께 김장배추 모종을 마치고 나서. 농도한마당잔치에 쓰일 배추를 절이는 하루

목사에게는 중요했다. 그래서 역사 이래로 천시되고 천대받으며 여전히 사회의 맨 뒷자리로 밀려나서 시절을 따라 울며 등골이 휘게 대지를 갈며 땅바닥을 기어가는 농의 삶을 고귀하고 보람찬 하늘의 일로 재발견하게 하는 일이야말로 지금 받들어야 할 교회의 몫이라 여기게 됐다.

마을에서 만나는 모든 이를 반가이 만나 평화의 인사를 하고, 일마다 때마다 버젓이 참견하고, 농사 절기나 명절이나 경조사 때는 교인이나 교인이 아니나 나 몰라라 하지 않고, 모두를 필요로 하면서 또한 모두에게 필요한 관계이기를 위하여 교회는 독수리처럼 가장 높은 곳에 자리 하나 한밤중 고요한 어둠에 빠진 농촌의 침묵을 올빼미 눈으로 살펴야 하는 것이었다.

농촌, 여기는 하늘의 이야기꽃이 활짝 피어올라야 할 '겨자씨 작은 천국'이다. 못다 핀 꽃 한 송이 없는, 주님 나라가 펼쳐지는 교회의 삶을 여기 '농촌' '교회'에서 이어가려 하는 것이다(마태복음 11:12). 그리스도의 복음이 착하고 충실히 살아가는 그리스도인들에 의하여 이야기로 남고 날마다 해마다 쌓여갈수록 사북교회는 농촌과 더불어 누룩처럼 성장해 나가는 것이고, 주님 사랑의 신비를 밝히 드러내는 일이라 할 것이다.

우리 교회는 생생한 옹달샘이면서 또한 흐르는 물줄기를 곳곳으로 흘려보내 땅을 적시고 자연 만물이 소생하게 하며, 우뚝 선 아름드리나무에 온갖 새들이 깃들어 다툼, 경쟁, 시기, 거짓, 욕심, 나태, 아픔, 근심, 불안이 아닌 환희의 노래를 부르게 하는 바탕이요, 원동력이 되기를 간구한다. 또한 우리 교회는 예수 그리스도의 삶의 양식을 통해 에덴동산의 생명나무 열매를 나누어서 삼라만상이 조화로이 아름다움을 뽐내도록 재창조하는 천하의 근본 되는 농(農)의 역할을 수행하는 수도원이요, 예수 사람들의 매력을 지닌 모임이 되기를 기도한다.

억지로 맡아 하는 일이 주님의 신탁을 받은 예언자의 정체이다. 하고 싶어서도, 해야 할 수 있어서도 아니고, 하라고 해서 어쩌지 못하고 운명(소명)으로 하여야 하는 하늘의 그 일이, 오늘 교회와 그리스도인들에게 어떻게 무엇으로 주어졌는지 알아채고, 제대로 신앙행위를 하고 있는가, 하려고 하는가를 우리교회는 계속 묻는다.

우리 교회는 일하면서 잠자면서 쉬면서 이동하면서 사람을 만나면서 회의하면서, 있는 거기에서 하늘을 바라다본다. 제대로 알아들었나, 알아들으려 하나, 매일 정한 아침과 저녁 시간에 지금 그 있는 자리와 형편에서, 그리고 매사에 공동으로 마음을 다잡고 집중한다. 주님 나라의 진리는 평범하게 반복하는 일상 속에서 꽃피워 나가는 이치를 익혀간다.

스승은 누누이 세상에서 그럴듯한 무엇이 되려고 하지 말라, 오직 한 분 아름다우신 예수를 사랑하라는 교훈을 남기셨다. 삶은 '감자나 달걀'이 아니고, 물은 '셀프'가 아니다. 물은 물이고 산은 산이다. 교회는 예수 사람들의 모임이요, 이 땅에서부터 살아가는 겨자씨 주님나라이다.

예수는 생명과 자비와 사랑의 하느님을 배우고 살아야 한다는 의미에서 주님을 아버지라 부르셨다. 그리고 "섬기는 사람이 되라, 모든 이의 종이 되라"(마가복음 10:43~44)고 당신의 사람들에게 간곡히 말씀하셨다. 말로 강요하거나 사람들 위에 군림하거나 스스로 선생이 되어 대접받으려 높은 자리를 탐하지 않으셨다. 다만 충성되게 해야 할 일을 한 것뿐인 "무익한 종"(누가복음 17:10)으로 남으라 하셨다. 그러니 흔들리고 두리번거릴 때마다 다잡을 마음은 이것이다. 교회는 교회로, 그리스도인은 그리스도인으로, 종은 종으로 그 있어야 할 자리에서 정체성을 분명히 밝히는 삶이라야 한다.

그러함에도 정녕 "그는 흥하여야 하고 나는 쇠하여야 하리라"(요한복음 3:22)는 세례자 요한의 고백에 승복하고, 예라 할 것에 예하고 아니오라 할 것에 아니라 하라는 말씀을 엎드려 받들 만큼 그러한 깜냥이 됐는가를 늘 자문한다. 여전히 내게 그리스도 복음의 삶은 억겁의 눈물만을 요구할 뿐, 언감생심이 실상이다. "주 예수 그리스도, 하느님의 아들이시여, 이 죄인을 불쌍히 여기소서"(Lord Jesus Christ, Son of God, have mercy on me, a sinner).

史北敎會는,

◇ 이 땅에서 오늘 주님 나라를 기쁨으로 사는 그리스도인들의 교회

◇ 전례를 중심으로 오늘 행복하게 사는 신앙인들의 교회

- 주일에는 말씀과 성찬의 예배
- 시간경을 정성 다해 바치는 생활
- 가난을 지향하며 기꺼이 사랑하고 아낌없이 봉헌하는 생활

◇ 마을과 함께 마을을 위하는 마을교회

- 생명농사 지으며 마을공동체 삶과 문화 이어가기

◇ 얼굴에 땀 흘리며 바르게 농사짓고 양심으로 사는 일꾼들의 교회

- 화평/ 통일/ 정의/ 환대/ 환경을 위해 힘쓰는 교회
- 예수의 양심을 배우고 따르며 다음 세대의 영적 성장을 위하는 교회

농부 **스테파노**(Stephen) 한울빛은 생활비를 기준으로 볼 때, 농사가 본업이요, 목사가 부업이다. 감지덕지 세 분씩이나 스승으로 모신 행복한 순례자다. 한울빛은 80년대 중반부터 대도시와 중소도시 두어 곳의 교회에 몸 붙였고, 90년대 말부터 지금의 교회에 보내져 신자들과 마을 사람들의 덕을 보면서 일 없이 때 없이 인사하고 왕래한다. 주로 고맙고 기쁘게 농사하고 예배하며, 여기저기 눈치 안 보고 기갈나게 잘 살고 있다.

논찬 1

동부연회 소속 '작은 교회'들의 이야기

이정배 교수 (전 감신대, 현장아카데미 대표)

11편의 농·어촌과 광산지역 교회들의 이야기를 진한 감동을 느끼며 읽었다. 자본화된 도시교회 이야기들, 세상 기준에도 못 미치는 목회자들 타락상 탓에 교회의 미래가 절망적인 현실에서 이 책은 '교회가 존재할 이유'를 힘껏 소생시킨다. 한 사람, 한 사람의 글 솜씨도 뛰어났고, 나뭇가지 흔들림을 통해 바람의 존재를 느끼듯이 이들이 맺은 열매가 그들이 참된 목자인 것을 방증했다. 공허한 교리를 곱씹으며 강단에서 가르치고 외치는 이들보다 현장에서 깨달아 재구성한 이들의 신앙이야기는 더 신학적이었고, 예수 마음에 근접했다. 신학자 이신은 '새 그리스도로지'란 시에서 다음처럼 말한 바 있다. "… 그분은 나를 믿어 달라 요청하지 않고 내 속을 좀 알아 달라고 하십니다. …" 필자 보기에 이들 11명의 집필자들은 예외 없이 예수 마음을 꿰뚫어 알았던 존재였다. 머리로 알지 않고 삶을 통해 느껴 알았던 진정성 있는 제자였던 것이다. 이 책을 통해 '은혜'를 입었음을 고백하며 저자들에게 고마움을 전하며 이런 기획을 성사시킨 동부연회 및 소속 선교위원회를 치하한다. 아울러 글쓴이들 외에 농어촌과 광산지역 곳곳에서 물론 도시 변방에서 같은 뜻을 펼치며 목회 일선에 서 있는 이들이 적지 않을 것이다. 헤아릴 수 없는 다수의 그들에게도 머리를 숙이며 이 글을 쓴다.

1.

필자에게 이 책자를 읽고 추천사를 부탁한 것은 거의 10년 전부터 '작은 교회' 운동을 시작했던 까닭일 것이다. 그 결과로 종교개혁 500주년 되는 해인 2017년 말 『두 번째 종교개혁과 작은 교회 운동』이란 책도 펴낼 수 있었다. 중세기를 허물었던 루터의 종교개혁이 불행하게 자본주의와 짝한 500년의 역사를 비판적으로 성찰해 본 책이다. 세상을 구했던 3개의 '오직'(Only) 교리가 중세 가톨릭교회의 면죄부 이상으로 타락했다는 말도 회자되고 있다. 자본주의 욕망과 배타 및 차별이 이들 원리를 근거로 확대·재생산시켜왔기 때문이다. 그렇기에 오늘의 교회는 자신의 출처와 근원을 망각한 영적 치매, 예수가 사랑했던 이 세상과 단절된 영적 자폐, 그리고 자본주의에 영혼을 빼앗긴 영적 방종의 상태에 처해있다. 공교회성을 잃었고 유기체성을 상실한 개교회주의 역시 비극적 양태 중 하나일 것이다. 세상은 지금 기후붕괴 현실 앞에서 체제전환의 길을 모색하느라 고심하는데, 교회는 여전히 '탈겹핍'을 축복이라 여기며 가르치고 있으니 걱정이다. '최상의 것을 거저 얻었다'는 은총의 감각 대신 욕망을 부추겨 인간을 지속적으로 결핍된 존재로 만들고 있는 것이다.

한국교회가 인간의 '죄성'을 강조하는 것과 자본주의 체제가 사람들에게 '빚'을 강요하고 있는 것과 비교하는 사회학자들의 글도 여럿 있다. 최근 방영되는 넷플리스 영화들-오징어 게임, 지옥-도 직간접적으로 이런 비판을 담고 있음을 모르지 않을 것이다. 그렇기에 필자는 11개 교회들 이야기에서 드러나듯 '작은 교회가 희망이다'란 말을 적극 사용했다. 자본주의적 욕망으로부터 빗겨나는 것을 교회의 과제이자 신앙의 존재이유라 생각했던 것이다. 인류 역사를 하루, 24시간으로 줄여 말할 때 자본주의가 시작된 시점은 23시 57분 정도라 한다. 이보다 수백 배 긴 시간 전에 태어난 종교들이 자본의 힘에 굴복되는 것을 당연시 여겨야 할지 모르겠다. 그 이상을 상상하고 살아 낼 힘이 없다면 그것이 종교일 이유가 있을 지를 반문해야 할 것이다. 더구나 기후붕괴 및 코로나 바이러스가 홀로세를 자본세로 변질시킨 결과인 것이 밝혀진 현실에서 말이다. 주지하듯 세상은 지금 '탈성장'이란 담론을 공론화 중이다. 자본주의 체제에서 성장이 결국 삶의 격차, 불평등을 심화시켰다는 성찰에서 비롯했다. 성장보다 성숙, 돌봄 등의 가치를 통해 새 세상을 만들고자 한 것이다. 이에 상응하는 교회적 체제전환, 그것이 바로 '작은 교회' 운동이다. 물론 '작다'라는 것은 숫자만으로 가늠될 수 있는 개념은 아닐 것이다. 이 속에 담긴 다차원적 함의를 주목해야 옳다. 의당 여기에는 성서적 의미도 담겨 있다. 필자는 이 운동을 종교개혁 500년 이후의 개신교가 감당할 과제라 생각했다. 이는 자본주의 이후를 상상한 결과였고, 성서 본뜻과도 접할 수 있다는 믿음 때문이었다.

2.

이 책 속에 실린 11개 교회들은 모두 작은 교회들이다. 그러나 필자는 숫자적 측면에서 '작음'을 말하지 않는다. 이들 교회들 간에도 대소가 있을 수 있을 것이다. 서울 등 도심의 교회들의 경우도 마찬가지이다. 수백 명 모여도 '작음'의 범주에 들 수 있겠고, 1~20명의 교회도 결코 '작은 교회'가 될 수 없는 경우도 있다. 문제는 자본주의를 능가하는 가치의 유무일 것이다. 필자가 생각하는 '작다'에는 다음의 가치들이 담겨있다. 한국적인가? 생명(생태)적인가? 지역적인가? 다양한가? 그리고 물론 복음적인가? 등이다. 주지하듯 이 땅에 기독교가 처음 유입되었을 때 당시 지도자들은 복음적, 생명적, 한국적 교회를 원했었다. 하지만 지금은 서구적, 반생명적, 근원을 잃은 영적 치매 상태에 빠졌음을 목도한다. 그렇기에 '작다'란 가치를 갖고서 최초 이 땅의 사람들이 바랐던 정신을 회복해야 옳다. 흔히 한국적인 정서로 흥, 한, 정을 일컫는다. 최근 한류에서 드러나듯 신명은 우리들 유전자 속에 깃들어 있다. 내외적 요인으로 흥이 깨질 때 한이 되고, 그 한은 우리들 공동체 속의 정으로 치유되어 흥을 회복시켜냈다. 하여 이 땅의 기독교는 더 이상 죄를 앞세우지 말고 은총을 선포해야 할 것이다. 흥은 우리에게 은총의 존재인 것을 각인시킬 뿐 죄와 우선적으로 관계치 않는다. '흥'이 깨친 상태가 '한'일 것인데, 그것이 죄일 수 있겠다. 바로 그 '한'을 치유하는 것이 교회 공동체의 과제여야 할 것이다. 정으로 한을 극복하는 것을 구원이라 말해도 좋을 듯싶다. 이 땅의 교회는 농촌을 희생시킨 도시화, 산업화의 결과로 번성했기에 반생태(명)적 속성을 지녔다. 땅만 생기면 건물을 지었고 주차장을 만들어 사람들 모으기에 급급했던 것이다. 교회 건물치고 어느 것 하나 문화적 가치를 지니지 못한 것도 슬픈 현실이다. 물질축복을 하늘 축복과 연계시킨 교회들의 메시지도 근본적으로 반생태적이다. 최소한의 물질(단순성)로 사는 삶을 축복이자 은총인 것을 가르치고 실천해야만 했다. 교회가 행하는 성만찬은 세상의 식탁과 다를 것을 요구하지 않았는가? 성찬은 아주 간편하고 단출한 식탁이지만 세상 식탁은 먹고 남아 버리는 것이 많았다. 또한 성찬은 모두에게 골고루 나눠지는 식탁이나 세상 식탁은 몇 사람만 배부르고 다수가 굶주리는 모양새를 하고 있으니 말이다. 이처럼 교회는 그 존재 양식이 생태, 생명적이어야만 할 것이다. 농어촌 삶의 양식 자체가 이러할 것이니, 프랑스 신학자 자크 엘룰의 말을 역으로 곱씹어 본다. "도시에 살고 있다는 이유만으로 우리는 가인의 후예(죄인)들이다." 또한 교회는 개방적 포용적이어야 할 것이나 오늘의 교회는 폐쇄, 배타적이다. 일주일 중 하루를 위해 존재하는 교회, 신자들만 드나드는 교회, 이웃종교를 배척하는 설교를 하는 교회, 돈 있는 자를 선호하는 교회는 건물일 뿐 교회라 말하기 어렵다. 큰 그릇 속에 작은 그릇이 담길 수 있을 뿐, 그 역은 성립할 수 없다. '절대'란 마주하는 것이 없어진 상태이지 서로 옳고 그름을 논하는 것과는 거리가 멀다. 성령은 불고 싶은 대로 불며 인간이 세운 벽도 허문다는 사실을 기억할 일이다. 지역에서 뿌리 뽑힌 교회 현실도 참혹하다. 수백 교회를 지나 자기 교회를 찾아가는 현실이 '모순'이다. 힘 있는 교회들은 주일마다 자랑하듯 대형버스를 등원해 신도를 교회로 수송했다. 그러니 교회생활, 신앙생활만 있을 뿐 생활 종교(신앙)의 장이 펼쳐질 수 없었다. 지역을 잃은 교회는 기관이고 이익 단체일 뿐 성서가 말하는 공동체라 말하기 어렵다. 본 책 속에 실린 11개 교회들은 이 점에서 참으로 지역적이고 성서적이다. 획일성을 거부하는 다양성 또한 작은 교회의 핵심 특징 중 하나일 것이다. 자본이 지배하는 획일성 잣대로 교회를 평가하면 1등부터 꼴등이 생겨날 수밖에 없다. 재력이 넘치는 교회처럼 부대시설 등 주변 여건을 갖출 수 없는 탓이다. 그럴수록 저마다의 잣대로 자기 색깔을 드러내는 교회가 필요하다. 저마다 1등의 모습을 이룬 교회들 말이다. 이 책에 소개된 11개 교회들 역시 예외 없이 최고의 모습을 드러냈다.

3.

장을 달리하여 '작음'의 성서(복음)적, 신학적 의미를 살필 것이다. 많은 목회자들이 종종 '초대교회로 돌아가자' 고들 말한다. 그러나 정작 초대교회로 돌아가고픈 이들은 많지 않을 것이다. 작음의 자본주의화된 삶의 양식들을 많이 포기하고 단념해야 가능한 일이기 때문이다. 초대교회의 특징이 여럿 있겠지만 두 가지로 정리해 보겠다. 앞서 말했듯이 지금처럼 획일화되지 않았고, 당대의 지배가치인 제국 로마와 달리 살고자 했다는 사실이다. 교회 형태는 다양했으나 제국 로마와 맞서는 일에는 일치했다는 것이다. 학자들은 이를 일컬어 '복음의 정치화' 라 말했다. 기독교가 로마의 종교가 되고 성서가 정경화 되기 이전까지 다양한 형태의 교회가 현존했다. 각기 복음서가 있다는 것은 그 복음서를 추종하는 공동체가 있었음을 뜻했다. 정경화 과정에서 제외된 도마복음, 마리아 복음서를 따르는 교회도 존재했다. 각각의 경전이 지향하는 바가 조금씩 달랐기에 공동체 색깔도 다를 수밖에 없었다. 예컨대 도마공동체는 개인의 자유에, 마리아복음서는 여성 사제에 방점이 찍혔으나 서로가 긍정했고 공존했었다. 이런 차이, 다양성에도 불구하고 이들을 묶었던 하나의 공통점은 '복음의 정치학' 이었다. 제국 로마의 지배하에 있었지만 그들 가치와는 달리 살겠다는 의지의 표현이었다. 로마서에 가장 많이 언급된 '그리스도 안의 존재' (Sein in Christo)는 바로 이를 두고 한 말이었다. 여기서는 믿음과 행위의 구별 자체가 필요 없었다. 그리스도 신앙이 곧 로마와 다른 가치를 갖고 사는 일이었던 것이다. 그리스도인이 되었기에 종을 석방했고, 가부장적 족쇄에서 여성을 해방시킬 수 있었다. 오늘 우리도 얼마든지 다양할 수 있겠으나 이점에서 공통적이어야만 한다. 오늘의 제국 '자본주의', 욕망을 부추겨 '탈결핍' 사회를 만들었고, 그로써 기후붕괴를 초래한 '자본주의 체제' 와 다른 삶을 소망하겠다는 다짐이 그것이다. 이것이 바로 초대교회가 지녔던 '복음의 정치학' 이다. 자본주의 이상을 상상하고 그 체제 속에 살지만 그와 달리 살고자 하는 일은 대형, 초대형 교회를 지향할 경우 연목구어가 될 수밖에 없다. 교회 자체가 '작음' 의 가치를 실현할 때 우리는 복음을 정치적으로 살아낼 수 있다. 목하 세상은 프랑스 혁명기보다 불평등 지수가 훨씬 높아졌고, 지구 자체를 붕괴시킬 정도가 되었으니, 교회가 이제는 '복음의 정치학'을 실현시킬 때가 된 것이다. 더 늦지 않았으면 좋겠다.

4.

이런 관점에서 11개 교회 이야기를 읽었고 감동했으며 감사했다. 금산교회 김종수 목사는 어려운 농촌에서 몇 차례 교회건축으로 몸과 마음이 피폐해진 경험이 있었다. 제도교회는 이런 영적 고갈을 당연시했으나 김 목사는 자신을 성찰하는 계기로 삼았다. 자신의 종교성을 영성으로 비약시킨 것이다. 인간은 창조공간을 타락시키나 하느님은 타락한 세상을 창조공간으로 전환하신다는 믿음 때문이었다. 더 이상 밖이 아니라 자신을 향한 목회를 시작한 결과였다. 하느님 창조정신을 흡수했고, 예수 생명을 내면화시킨 그는 자신의 한계상황을 극복할 수 있었다. 빼어난 글솜씨가 필자의 마음을 사로잡았다.

홍천 동면교회 박순웅 목사는 필자와도 개인적 친분이 깊다. 그는 평생 농촌을 떠나 본 적이 없었다. 농부를 하느님을 가장 잘 믿은 사람이라 여긴 까닭이다. 하여 농부들 삶을 따르고 그들 지혜를 배우는 것을 목회라 생각했다. 그들이 흘린 땀은 정직했고, 항시 '위'가 아니라 '아래'를, 그리고 '옆'을 보며 살았기 때문이다. 생명먹거리를 정직하게 생산하여 도시인들에게 전하는 일을 하느님의 일로 생각하며 동면교회에서 긴 세월 살았다. 도시를 위한 농촌의 희생을 한 알의 밀알이 되는 것이라 믿으면서 말이다. 도시 사는 후배 목회자들을 농촌으로 불러들여 공동체를 일구며 살고 있으니 그 또한 아름답다.

부촌교회 박세광 목사는 교회가 지역사회와 유기적 관계를 맺지 못한 현실을 가슴 아프게 생각했다. 몇만 원 선교비를 이곳저곳에서 지원받으며 생계를 유지하는 것을 목회라 여길 수 없었다. 도시교회와 종속관계를 맺기보다는 마을, 지역과 공생관계를 맺는 것을 참된 목회라 생각한 것이다. 스스로 농사를 배웠고 수차례 좌절하며 창업도 해봤다. 유기농, 자연농법으로 기계 없는 경작으로 농산물을 생산하면서 농사야 말로 미래의 돌파구인 것을 확신했다. 문명을 지속시키려면 마을 중심의 소농 체제를 이뤄야 한다는 의식도 키웠다. 이런 배움과 자각을 갖고 시작한 농촌목회는 이전과 달랐다. 농촌교회, 농촌선교를 이런 농사의 시각에서 농부의 마음으로 바라보게 된 것이다. 성서가 말하는 하느님이 기뻐하는 산 제사는 작금의 현실에서 농촌 살리기, 기후 치유인 것을 확신하며 교회를 섬기고 있다.

평창 수항교회 김성준 목사는 농촌 상황이 도시교회 그것과 얼마나 다른 것인지를 여실히 보여주었다. 부인 병원비를 감당할 수 없어 강릉까지 오가며 일용직 노동자로 살기도 했다. 스스로 노동하며 돈을 벌면서 교인들이 바치는 십일조의 의미와 가치를 다시 생각할 수 있었다. 교회는 자신이 할 수 없는 것에 목매지 말고 자신이 잘할 수 있는 것으로 세상에 봉사하면 그뿐이라는 차이 의식을 확실히 소유했다. 그럴 때 작은 교회는 하느님 일을 하는 위대한 교회가 될 수 있다는 것이다. 필자 역시 이 말에 적극 동의한다.

화천 시골교회 이동규 목사는 봉사(디아코니아)를 교회의 본질로 여기며 목회를 시작했다. 사회적 약자들에게 성큼 다가설 목적에서다. 기성교회들이 교리로 신봉하는 이신칭의, 즉 '오직 믿음' 신조가 봉사를 축소, 소외시켜 왔다고 판단한 결과였다. 하여 시골교회는 농촌 지역에서 할 수 있는 범위 안에서 사회안전망 구축에 관심했다. 갑과 을이 구별, 대별되는 현실에서 이 목사는 모두가 갑이고 동시에 을이 되는 자립공동체를 구축했다. 그로써 서로를 치유하여 세상 안에 있지만 세상 밖을 사는 수도공동체를 일궈냈다. 그가 목회하는 한옥풍의 시골교회가 참으로 아름답다. 손의 창조력을 지닌 이 목사가 많이 부러울 뿐이다.

고성 오봉교회 장석근 목사는 오랜 농촌 경험을 통해 이미 훌륭한 신학자로 성장했다. 40년 한 곳에서 목회한 그는 '원죄'가 아닌 '원은총'의 종교로서 기독교를 말하고 가르쳤다. 속고 속이며 경쟁하는 도시가 아니라 농촌풍경과 농부들 삶을 보며 죄가 아니라 은총을 먼저 말할 수밖에 없었을 것이다. 농촌에서는 창조신학(녹색은총)이 너무도 자연스러웠다. 하늘 나는 새-새의 깃털과 그가 먹는 먹이, 그가 지은 집-를 보며 그는 '새의 신학'을 구상했고, 그에 따른 목회계획을 멋지게 수립했다. 창조영성으로 살아가는 한 주간의 목회, 12달을 살아가는 삶의 태도, 24절기 속의 생명문화를 일깨우며, 오봉교회는 자본주의 너머를 맘껏 상상하며 실천하고 있다.

철원 장흥교회 한찬희 목사는 역사는 깊지만 성직자에 대한 신뢰가 없는 교회에서 목회에 대한 고민을 시작했다. 목회자를 교인들이 수없이 갈아치운 교회였던 것이다. 과연 목사는 어떻게 신뢰를 받을 것인가? 설교와 심방을 잘해서, 사교력이 있어야? 하지만 그것은 충분조건일 수 없을 것이다. 하여 그는 교회 역사를 살피기 시작했다. 한반도 중앙에 위치한 이 교회는 한국전쟁 와중에서 이념적 갈등의 희생양이 되었음을 알게 되었다. 서로 다른 이념들이 점령할 때마다 그에 맞춰 살아야 했던 아픈 역사가 있었던 것이다. 이런 상처를 품고 목회하는 목회자의 삶이 얼마나 고단할지…. 하지만 피할 수 없는 길이기에 한 목사는 남다른 힘겨운 목회지에서 최선을 다하고 있다. 고린도전서 13장 속 사랑의 삶으로 신뢰를 구축하길 하늘에 기도한다.

정선 사북에서 카지노로 패가망신은 물론 죽음 문턱에 서 있는 사람들을 상대로 목회하는 김대경 목사의 교회 이야기도 가슴을 울렸다. 그는 자신의 목회, 교회 이야기 제목을 '밑 빠진 독에 물 붓기'라 붙였다. 그도 그럴 것이 주기만 하고 받을 것 전혀 없는 자신의 목회현장을 비유로 서술한 것이다. 되로 주고 말로 받고자 하는 세상 속에서 받을 것 기대 않고 주기만 하는 목회, 이것은 제국(자본주의) 논리를 단숨에 허무는 하느님 나라를 닮았다. 막장인생들에게 밥 한 끼 나누는 것, 목욕하라고 티켓 한 장 주는 것이 목회의 전부지만 이것은 그들 삶에 소중한 버팀목일 것이다. 이런 교회에 막장인생은 자신의 최후를 부탁하고 마지막을 안심하게 되었으니 최고의 일을 하는 셈이다. 청소년들에게 자신이 갈고닦은 유도를 가르쳐 그들 꿈을 키워주는 일도 목회의 소중한 부분이 되었으니 사북교회는 실로 '아낌없이 주는 나무'라 할 것이다. 이 일들 모두가 교인들이 자발적 헌금으로 이뤄진다니 교인들 수고 역시 많이 고맙다.

동해 초록교회 하수광 목사 역시 성공하는 목회와 하느님 나라를 지향하는 목회를 두고 한때 많은 고민이 있었다. 다양한 꽃들이 함께 있기에 꽃밭이 아름다운 것처럼 급기야 자신도 본인만의 색깔을 내고자 결단했다. 하느님 나라를 이런 꽃밭이라 상정하고 기성교회가 추구하는 획일성, 단일성을 거부한 것이다. 목사는 홀로 커서 그늘을 만드는 사람이 아니라 하나의 역할로서 더불어 있는 존재라는 멋진 말도 남길 수 있었다. 필자는 이 말을 갖고 한참 동안이나 스스로를 살펴보았다. 참으로 옳은 이야기였다. 그는 초록도서관을 만들었고, 지역사회 및 교인들을 위해, 그리고 그들의 소중한 어린 자녀들을 위해 적실한 프로그램을 지속적으로 운영했다. 지속성은 성령의 역사로만 가능하다는 것이 필자의 확신 중 하나다.

춘천 연리지교회 박용한 목사의 이야기도 주목할 부분이 많다. 필자도 한번 이들 모임에 가본 적이 있었기에 자신 있게 권할 수 있다. 지역에서 하나의 작은 교회가 할 수 있는 일은 사실 많지 않다. 같은 위상을 지닌 교회들 여럿이 힘을 합치면 '숲'이 되어 상당한 일을 계획, 실천할 수 있을 것이다. 5명의 목사들 -NGO 활동가, 바리스타 목사, 농사꾼 목사 등-이 힘을 합쳐 춘천지역에 의미 있는 공간 '더불어 숲'을 만들었다. 작은교회 한계를 훌쩍 뛰어넘었다. 요즘 공유교회란 말이 회자되는 바, 교회 건물만 함께 사용하는 데 그치지 않고, 이들 활동을 참조할 필요가 있을 것이다. 춘천 지역사회를 위해 독서 모임을 이끌고 교회학교도 함께 하면서 이들은 초대교회 모습을 회복하고 있다.

한울빛 목사의 이야기도 큰 울림을 주었다. 기성교회에서 목회하다 참으로 하느님을 예배하고 싶어 농촌으로 들어온 분의 이야기이다. 그는 예배만을 목적하는 삶을 살고자 했다. 여기서 예배란 교회에서 하는 예배만을 적시하지 않는다. 삶 전체를 예배로 바치고자 했던 까닭이다. 욕심 가득한 삶은 아무리 경건으로 포장하더라도 예배가 될 수 없다. 자연이 그렇듯이, 아무것도 하지 않으면서 모든 것을 하는 자연, 그리고 하느님을 닮는 것만이 예배가 될 수 있다. 이를 위해 죄용서를 강조하기보다 영적으로 하느님과 소통하는 존재가 되고자 했다. 영적 이기심조차 하찮게 여기고자 했다. 이 모든 것은 일상 속에서 일어날 일이다. 교회를 고립시키지 않았고, 세상 속 단체들과 연결시켰고, 그들과 소통하였다. 그러면서도 '의식'(Ritual)을 소중하게 생각했다. 일상이 예배지만 일상을 예배처럼 살기 위해 특별한 시공간 속에서 바치는 리츄얼을 중시한 것이다. 천편일률적인 개신교 예배와 변별된 정교회 예식을 사용하는 바, 이런 시도는 아무리 강조해도 지나치지 않을 것이다.

5.

이상에서 보듯 이들 11개 교회들은 처음교회 모습을 닮았고, 자신들을 목 조이는 시대 풍조와 맞서 싸웠기에, 형태는 다르나 충실한

복음의 투사라 생각한다. 모두가 도시로, 서울로 모여드는 현실에서 농촌을 뿌리로 알고, 농부를 하늘 사람으로 여기면서 삶으로 예배하는 이들을 우리는 존귀하게 여겨야 옳다. 도시 사람들이 가인의 후예들인 것을 힘써 말한 한 신학자의 글을 깊게 성찰했으면 좋겠다. 앞서 말했듯이 이 목회자들의 글솜씨가 한결같이 좋고 수려하다. 물론 투박한 글도 있었으나 진정성이 담겼기에 어느 글 하나 허투루 읽을 수 없었다. 현장에서 나온 경험적 진리였기에 읽는 이의 심금을 울렸다. 자신의 목회를 이미 신학적으로 이론화시킨 이도 있었으니 놀라울 뿐이다. 자본주의에 영혼을 빼앗긴 오늘의 도시 소재 대형교회들이 이들을 반면교사로 삼아 자신들을 성찰할 수 있기를 바란다. 이들은 더 이상 도움의 대상이 아니라 오히려 가르치는 선생인 것을, 그들 삶이 우리를 내리치는 죽비인 것을 인정해야 할 것이다. 기후 붕괴로 지구 운명이 사실적 종말에 처했다란 말이 거짓이 아니듯이 '한국교회 이대로 가면 끝장이다'라는 말 또한 허구일 수 없다. 생명적, 복음적, 한국적인 11개 농촌교회들이 있어 교회에 희망이 생겨났다. 아직 끝이 아니라는 생각이 든 것이다. 이들의 선한 영향력이 한국교회를 변화시켜 항차 지구 운명을 바꿀 수 있는 역할이 교회에 주어지길 소망한다. 그렇기에 이 책은 한국교회만이 아니라 지구 생명을 치유하는 책으로 읽히길 바란다. 어려움 중에 목회현장에서 '다른 길'을 보여준 11분 목회자들에게 깊이 감사하며, 이후로도 더 깊게 생명 길을 만들어주길 부탁한다.

논찬 2

11교회의 큰 울림

유성준 교수 (전 협성대, 한국서번트리더십훈련원 대표)

동부연회 농·어·광산촌 선교위원회가 귀한 책을 발간하게 된 것을 진심으로 축하드린다. 이 책의 원고를 읽으면서 저는 뜨거운 감동을 받음과 함께 한국교회, 특히 우리의 모교회인 감리교회 미래목회의 희망을 보게 되어 무척 기뻤다. 교회의 신뢰도가 땅에 떨어진 요즘, 그래도 희망은 신앙공동체인 교회에서 찾을 수 있다는 새로운 희망을 지역에서 헌신하는 교회들을 통해 볼 수 있었다.

강원도의 시골교회는 목회자도 부임하며 언제 떠날까를 생각하고, 받아들이는 교인과 마을 주민도 이번 목회자는 언제까지 있으시려나하고 궁금해 한다는 말이 있다. 실제로 고산지대인 환경이 열악한 강원도에서 목회하며 산다는 것이 여러 가지 이유로 쉽지 않음에도 신학적 성찰과 소명으로 농·어·광산촌 목회를 선택하신 분들도 계시고, 흘러오듯 이곳에서 목회를 하다가 신학적 정립을 통해 정주를 선택하셨든지 이분들의 삶에 공통점은 분명한 사역에 대한 목회철학과 목표가 있다는 것도 교회 이야기를 통해 알게 되었다.

교회가 위기라고 이구동성으로 얘기하는 시대에 위기에 대한 분명한 대안은, 이제는 교화가 교회 울타리를 넘어 마을로 나가는 사역의 개척이 시급한 시대라고 깨닫게 된다. 교회와 리더들이 바른 교회론과 목회철학을 가지고 지역사회의 상황을 잘 파악하여 목회자들과 은사와 각 교회의 역량에 따라 분명한 전략을 세우고 구체적인 프로그램들을 준비하여 사역하는 것은 시대적인 요청이라고 깨닫게 된다.

각 교회 이야기를 통하여 강원도에 위치한 농촌과 어촌, 광산촌의 교회이지만, 지형과 위치, 마을의 역사와 교회의 역사, 교인과 주민 구성원들의 특성, 그리고 목회자와 교인들의 은사까지도 다 다르기에 교회마다 사역하는 내용은 다 다르다. 하지만 이 교회들은 마을과 그 속에 사는 사람들과 함께하는 교회를 지향한다는 점에서 공통점이 있어 보인다. 또 신앙을 일상의 삶으로 고백하는데 관심을 갖고 목회한다는 점도 생각들이 같아 보여 큰 감동을 경험하게 되었다.

보내 주신 원고들을 읽으며 예수님의 마음을 내면화하는 것을 목표로 목회하시면서 금산교회만의 영성 목회를 고안하신 강릉 금산교회 김종주 목사님, 생명의 관점으로 보는 성서와 신앙, 그리고 농업으로 도시와 농촌 교회를 연대하도록 사역하신 홍천 동면교회 박순웅 목사님, 귀농 창업을 선택하셔서 기후 위기의 유일한 대안을 소농 문명공동체로 보시고 만들어가고 계신 화천 부촌교회 박세광 목사님, 모두 농촌교회의 목사만이 아니라 농부이시고 또 훌륭한 신학자이시다.

평창 수항교회 김성준 목사님은 농촌 교회의 담임목사로서 어려움을 겪으며 성장하고 있음을 보았고, 생명을 살리는 목회, 생명을 살리는 교회로 세워가는 그의 앞날에 기대가 크다. 디아코니아 신학을 바탕으로 섬김과 수도, 치유 공동체를 만들어 가시는 화천 시골교회의 이동규 목사님의 사역에 큰 관심이 가며 꼭 한번 방문해 보고 싶고, 이 목사님이 만드신 뜨듯한 온돌에도 한 번 누워보고 싶다.

교회가 위치한 지형적 특징인 오봉 마을의 송지호 철새 생태를 신학적으로 해석하셔서 목회와 접목시키는 고성 오봉교회 장석근 목사님의 사역은 참으로 놀라웠다. 교회 사역과 연결시켜 만들어내는 다양한 내용은 많은 신학생과 목회자들이 배웠으면 좋겠다.

철원 장흥교회 한찬희 목사님의 글을 통해 철원 지역이 한국사와 한국 교회사에서 갖는 중요한 의미들을 알게 되었다. 한국 전쟁에서 겪은 아픔들과 순교의 사건, 그리고 그 이후 어렵게 다시 교회를 회복해 가는 과정들은 통일 이후에 더 귀하게 쓰임 받는 장흥교회가 될 것으로 기대한다.

폐광지역으로만 기억되던 정선 사북 지역에 카지노가 들어온 후 향락에 빠진 폐인들과 떠나지 못해 남은 원주민들이 서로 갈등하지 않을까 우려하던 것과 다르게 사북교회 김대경 목사님과 교인들은 아름다운 천국을 향한 길을 닦고 계셨다. 기존 교회가 세상에서 실패한 이들로 취급받던 노숙자와 카지노 중독자들에 대해 꺼려하는 태도가 적지 않았음에도, 일부 대도시의 노숙자 사역이 아닌 강원도 정선 사북 지역에서의 만메추다솜밥상 사역은 까만 석탄가루 사이에 핀 아름다운 꽃처럼 감동이 되었다. 또한 김대경 목사님의 재능인 유도로 다음 세대를 세워가는 것 역시 놀라움을 주었다.

하나님 나라를 지향하는 목회, 꽃밭을 이루는 교회를 추구하는 동해 초록교회 하수광 목사님은 수련목회자로 사역하는 동안 앞으로 목회에 필요한 다양한 자격증 과정을 준비하였고, 부임한 교회에서 그 은사들을 잘 사용해 주민들을 섬김으로 부흥해 가고 있음에 미소를 짓게 된다. 은사를 갖고 있어도 지속적으로 사역을 해 나가는 것은 쉽지 않다. 적은 성도와 재정적으로 어려운 여건 속에서 초록 도서관을 활용하여 주민들과 소통하며 아름다운 교회를 이루어 가고 있음에 기대가 크다.

춘천에서도 소중한 꿈들이 이루어지고 있음을 보았다. 춘천 연리지교회 박용한 목사님을 통해 소개받은 '춘천 더불어 숲' 사역은 지금의 교회들이 주목해야 할 귀한 사역이다. 금년 입법 총회에서 공유교회 관련법이 통과된 것은 작은 교회들에겐 큰 기회이지만 또한 자칫 큰 위기를 자초할 수도 있다. 그래서 '춘천 더불어 숲' 사역은 더욱 소중하다. 지역의 교회들이 목회자들과 성도들의 은사를 합해서 지역 주민에게 필요한 사역을 찾아 함께 감당한다면 서로에게 큰 힘이 되며 보람을 느끼는 사역을 만들어갈 수 있을 것이다.

마지막으로 춘천 사북교회의 한울빛 목사님은 예전을 중심으로 하는 예배를 중요하게 여기시며 성도들이 수도적 삶으로 자신을 하나님께 바치는 생활로 이끄시는 분이다. 생명과 사랑을 담은 농사로 교인들과 주민들이 함께 살기를 원하며 통일, 평화, 정의, 환대와 환경의 통전성을 강조하는 교회이다.

여기에 소개되는 교회들은 다양성 속에서도 한 주님을 섬기는 통일성을 지닌 하나의 교회이다. 세상 속에서 주민들과 어울려 삶을 나누지만 거룩하신 하나님의 부르심에 순종하는 교회이다. 사는 곳도 다르고 사역도 다르지만 공교회로서의 정체성을 분명히 갖고 있는 살아있는 교회이다. 그리고 하나님의 나라를 선포하며 그리스도의 복음을 전파하는 사도적인 교회이다. 이 책에서 만나게 된 교회들은 이 교회다움을 분명히 보여주고 있어서 세상의 희망이 되고 있다는 기대를 갖기에 충분하다.

이 책에 소개되지 않은 많은 교회들도 보냄 받은 목회자들이 묵묵히 섬기며 교회와 성도들을 세상 속에서 빛과 소금의 존재로 살아가도록 기도하고 헌신하고 있음을 믿는다. 생태와 환경, 물류와 관광 등으로 앞으로 강원도의 발전 가능성과 중요성이 커지는 이때에 이들 교회들이 모범이 되어 새로운 시대의 강원도의 영적 기반을 든든히 세워가기를 미력이지만 함께 기도하겠다.

나는 농촌에서 자란 목회자로 저희 부모님은 평생 농사를 지으신 농부이셨다. 제가 신학교 갈 때 가장 반대하시던 분이 제 아버님이셨다. 그것은 제 아버님이 봐 오신 기독교인들은 말만 이쁘게 하지 사는 것은 세상 어떤 사람보다도 욕심이 많은 사람이라는 것이다. 그러면서 너처럼 믿는 것은 광신자라는 것이었다. 그 후 아들 때문에 신앙생활을 하셨는데 제가 목사안수 받을 때 미국에 오셨는데 그때 아버님이 하신 말씀이 농촌운동 할 때 농촌 교회의 동갑내기 젊은 목사가 농민들과 똑같이 사는 모습을 보고 감명을 받았었다는 것이다. 그러시면서 이왕 목사가 되었으니 목사가 되려면 그런 목사가 되라고 하신 말씀을 지금도 기억하고 있다.

교회가 위기인 시대에 동부연회 농·어·광산촌 선교위원회가 이 책을 발간하는 것을 계기로 교회가 더욱 세상의 빛이 되는 교회들로 세워질 수 있기를 함께 기원한다. 하나님의 나라는 혼자 이룰 수 없는 일이기에 각 지역교회와 각 지방과 각 연회와 전체교단이 연대해서 마을 목회, 교회의 지역사회 개발사역, 선교적 교회, 그리고 서번트 목회에 대한 구조를 만들고 함께 이루어나갈 수 있는 기회가 되기를 기대한다.

논찬 3

목회, 희망의 길목에 서다

조은하 교수(목원대학교)

교회가 전해주는 희망의 편지였다. 글을 읽어가면서 숨겨진 보화를 한꺼번에 찾은 듯한 기분이었다. 글로 소개된 교회를 한 곳 한 곳 방문하여 마주 앉아 목회이야기, 마을이야기, 살아가는 이야기들을 듣고 싶었다. 코로나19로 인한 팬데믹 상황을 겪어가면서 우리는 새로운 도전과 변화의 요구 앞에 서 있다. 인간의 탐욕과 소유욕, 인간중심적이고 맘몬지향적인 삶의 결과로 찾아온 코로나 19는 자연과 생명, 생태와 영성, 공동체와 마을, 다음 세대와 선교와 같은 주제들을 우리 앞에 다시금 던져 주었다. 우리는 솔직하고도 겸허하게 그 문제 앞에 서야만 한다.

마을은 예수님이 생활의 장이었고 하나님 나라 선포의 장이었다. 예수님은 기회 있을 때마다 아니 일부러 기회를 만들어 농촌과 어촌에 사는 보통 사람들을 만나셨다.

> "예수께서 모든 도시(towns)와 마을(villages)에 두루 다니사 그들의 회당에서 가르치시며 천국 복음을 전파하시며 모든 병과 모든 약한 것을 고치시니라" (마태복음 9:35).

언덕 위에서, 바닷가에서, 푸른 들판에서, 마을의 구석구석에서 가르치시고 병자를 고치시고 하나님 나라를 전파하셨다. "두루 다니셨다"는 표현처럼 마을의 구석구석을 다니시며 말씀을 선포하시고, 밥상을 나누시고, 병자를 치유하셨다.

오늘 만난 농·어·광산촌 교회 이야기는 농어광산촌 교회들이 겪는 현실을 적나라하게, 치장하지 아니하고 솔직하게 말해준다. 그리고 그 안에서 현실적으로 경험하게 되는 교회목회의 이야기, 삶을 이어가야 하는 현실적 경제적인 문제 이야기, 그럼에도 불구하고 하나님 나라의 희망을 간구하며 마을 안에서 교회의 역할과 목회의 방향에 대한 끊임없는 고민과 시도를 이야기해줌으로 목회현장에 도한 새로운 목회를 준비하는 이들에게 소박하지만 명징한 사례가 되어 주고 있다. 무엇보다도 "교회와 기독교인의 삶의 본질"에 대한 치열한 고민은 매너리즘에 빠져 자칫 잃게 되는 우리의 여정에 새로운 이정표가 되어 준다.

1.

"자기를 목회하라" 금산교회의 표어는 단호하다. 이 한마디가 우리가 무엇을 잊고 살았는지 깨우쳐준다. 김종주 목사님은 신앙과 삶의 분리에서 오는 괴리감을 벗어나 존재와 신앙의 일치를 추구한다. 코로나19를 겪으면서 우리는 더 많은 예배와 설교를 만나게 되었다. 그러나 반복되는 예배와 수많은 말씀 앞에 서지만 기독교인들의 횡보는 과연 바른 곳으로 가고 있는가? 깊게 생각하게 된다. 기독교인으로 살아가는 것이 행복하지 않고 사회로부터 신뢰를 얻지 못하는 근본적인 원인은 기준이 바로 서 있지 못하기 때문이다. 그렇기에 금산교회는 특송과 대표기도조차도 남들에게 보여주는 것을 의식하게 될 때는 과감하게 삭제한다. 쉬지 않고 하나님 앞에 솔직한 모습으로, 아무것도 치장하지 않은 겸허함 모습으로 서는 것에 몰두한다. 선포된 말씀이 실천된 말씀이 되기 위하여 말씀을 기록하고 매주 자신의 일상 속에서 실천하기 위해 노력한다. 영성과 일상이 결코 분리되어 있지 않음을 알려주고 있다. 헌금만이 하나님께 드리는 예물이 아니라 자신의 생활로 드리는 실천의 봉헌이 하나님 앞에 드리는 영성의 길이라는 것을 알려준다.

2.

홍천 동면교회는 마을과 함께 하는 교회이다. 마을 안에 있고 마을과 함께 있고, 그래서 마을을 위해서 있는 교회이다. 교회의 본질은 마을과 지역, 그리고 그 안에 살아가는 사람들과 삶을 함께 하는 것이라고 이야기한다. 그렇기에 마을 사람들과 더불어 친환경 농업을 통한 생명농업을 이어가고 그들과 함께 햇살 아래, 빗줄기 아래 함께 농사하며, 지역민들의 소리에서 예수님의 음성을 듣는다. 농부님들의 한마디 한마디에서 생명의 언어와 하늘의 맑음을 발견하는 공동체이고 하늘의 지혜를 발견해 가는 공동체이다.

농업은 생명과 가장 직결되는 일이다. 농업이 없으면 어찌 한 알의 벼라도 생겨날 수 있을 것인가? 그들의 수고와 정직한 노동이 없이 어찌 풍성한 밥상이 우리 앞에 놓이고 우리의 생명을 이어갈 수 있을 것인가? 그렇기에 농사를 짓는다는 것은 자연의 원리와 신비를 가장 잘 경험할 수 있는 시간이다. 농사를 지어가면서 생명의 소중함도, 노동의 신성함도 오롯이 나의 영성으로 담아갈 수 있다. 도시의 콘크리트 사각 건물 안에서 이미 배달된 농작물만 마주 대하는 삶은 생명이 자라는 가운데 발견할 수 있는 하늘의 은총의 신비를 미처 깨닫지 못할 것이다. 그렇기에 도시와 농촌이 연결된다는 것은 단지 농작물의 거래와 판매뿐 아니라 이러한 과정 속에 함께 할 수 있는 여정이 포함되어야 할 것이다. 동면교회가 생태, 생명, 환경키트 모둠을 20여 명의 아이들 가정에 나누어 주고 있다고 한다. 그 안에 무엇이 들어 있을까? 이렇게 소중한 일들이 이루어지고 있음을 이제야 알게 된 것이 아쉽기도 하고 동시에 다행이기도 하다. 특별히 박순웅 목사님은 30여 년 전 함께 공부하던 시절이 있었다. 고 채희동 목사님과 함께, 그 청년의 때에 농촌에 대한 사랑과 맑고 밝은 꿈을 지니고 있었던 것을 익히 알고 있다. 오랜 세월이 흘렀으나 변치 않고 그 꿈을 일구어가는 모습에 존경의 마음을 표한다.

3.

화천 부촌교회는 기후위기 시대의 하나님이 백성의 삶은 소농의 문명에서 출발해야 함을 명료하게 제시해 준다. 농촌과 농업의 재발견이고 소농문명적 삶이 바로 기후위기 시대, 우리가 지향해야 하는 삶임을 이야기 해준다. 이윤을 목표로 하는 자본주의의 산업문명 양극화는 필연적 결과였다. 그리고 코로나19를 겪어가면서 전 세계적으로 양극화는 더욱 극명해졌다. 동시에 부에 편승한 소비와 간편한 생활추구는 엄청난 자연파괴를 대가로 하여 얻은 것이다. 그리고 그 결과는 인간의 생명에 대한 바이러스 출현의 반복과 기후위기의 현실이다. 전 인류가 직면한 기후위기는 지구에 발을 딛고 사는 한 피해갈 수 없는 현실이고, 생명에 대한 위협이다. 이러한 때에 다시금 불편한 삶과 노동을 하면서 생태계 의존적으로 사는 삶의 중요성을 일깨우는 것이 어느 때보다 중요하다. 바로 소농의 문명이 노동의 소중함과 자연의 섭리를 알려준다. 소농의 문명이 하늘을 바라며 사는 삶이며 땀 흘려 열심히 일하면서 하늘에 의존할 수밖에 없는 존재임을 고백하는 겸허한 삶이고 자연스러운 창조의 모습으로 사는 삶임을 알려주고 있다.

박세광 목사님의 농촌의 현실에 대한 해법은 구체적이고 미래지향적이다. 우리나라 농촌 정책이 변화해야 함을 지적하며, 2021년 발표한 지자체 소멸위기 지역의 89곳 가운데 69곳이 농촌이라는 것은 농촌의 위기일 뿐 아니라 모두의 위기임을 강조한다. 우리 사회와 문화의 뿌리가 되는 농어촌을 살리는 것부터 지속가능한 순환사회가 될 수 있다고 제안한다. 그리고 농촌이 마을공동체의 구심점이 되어 생명의 삶, 영생의 삶, 지속가능한 삶에 대한 영감을 주는 역할을 해야 한다는 것에 적극 공감한다. 교회가 마을의 구심점이 되어 마을을 재생시키는 역할을 어디서부터 출발해야 하는가 하는 고민을 함께 나눌 수 있는 박세광 목사님의 역할이 기대된다.

4.

수항교회의 꿈은 생명을 살리는 것이다. 교회의 꿈이 '생명을 살리는 것', 꿈이 무엇이냐고 물을 때 '생명을 살리는 것'이라고 이야기하는 교회가 있다는 것이 여전히 각박한 세상에서도 희망을 품게 되는 이유이다. 맘몬이 주인이 되어 진실과 공의는 그 이름을 찾아보기 어려워지는 때에 수항교회가 이야기하는 '생명을 살리는 교회'라는 꿈은 사막에서 발견한 오아시스와 같이 맘에 시원함을 준다. 김성준 목사님은 새시시공이라는 이중직을 수행하면서 목회를 하고 있다. 그렇기에 교인들이 살아가는 모습을 그들의 직업의 현장에서 더욱 생생하게 느끼며 성도들의 삶과 마음에 더욱 가까이 가고 있는 기회로 삼고 있다. 선물과 인사를 나누는 심방에서 벗어나 교인들의 집에 방충망을 교체해주고 원하는 것을 수리해 주는 모습으로 바꾼 후 교인들이 훨씬 좋아한다는 경험에 깊이 공감한다.

그들의 필요와 목소리에 귀를 기울이고 응답하는 것부터 출발하는 것이 진정한 사랑이고 선교이다. 교인뿐 아니라 이웃들의 방충망도 고쳐주고 수리해 주지만 오로지 '주는 것으로 끝나는 것' 이것이 바로 선교의 지경이 넓어지는 첫걸음이다. 수항교회가 하나님의 작품으로서 방충망을 나누는 교회라는 사실을 깨닫고 교회를 바라보는 목사와 성도의 모습이 달라지고 목회현실이 녹록하지 않음에도 생명을 살리는 목회의 꿈을 이어간다. 생명을 살리기 위해서는 먼저 살아야 한다는 사실, 그래서 주님을 중심에 모시고 자신의 영혼들이 강건해지는 신앙의 여정에 함께 하는 수항교회의 생명을 살리는 일은 더욱 지경을 넓혀갈 것이다.

5.

화천 시골교회는 디아코니아 생활공동체를 꿈꾼다. 이동규 목사님은 질문하는 목회자이다. 그리고 그 질문에 답하기 위해 부단히 공부하고 신학적 노력을 하는 목회자이다. 그리고 교회는 무엇을 하는 곳인가에 대한 질문에 디아코니아로 응답한다. 하나님 나라의 실현을 위해 이웃을 향한 관심이 디아코니아의 시작이고, 이 땅을 섬기기 위해 오셨다는 예수그리스도의 삶을 실천하는 디아코니아가 교회의 본질이며 사명이라고 이야기한다. 디아코니아는 협소한 사회적 과제 영역에만 관여하는 것이 아니라 사회적 정체(?) 상생을 위한 기여, 가족, 부부, 지속적인 삶의 공동체, 사회적 안정망, 이웃 사이의 도움, 자원봉사적 행위 같은 포괄적인 삶의 관계까지 포함하는 것이다. 2019년 화천에서 개척한 시골교회는 디아코니아와 수도 공동체를 꿈꾸며 치유공동체를 지향한다. 한옥과 경량목조주택 짓는 일을 배우면서 공동체를 꾸리기 위한 준비를 하고 있다. 친환경적 거주 공간을 스스로 가꾸어 가고 얼마간의 농사일을 함께 하며 사회적 기업을 운영하여, 구성원들의 자립과 자존감을 유지하고, 독거 어르신들의 일자리 창출을 위한 도움을 주고자 하는 꿈을 위해 나아가고 있다. 누구를 위한 교회가 아니라 서로 함께 살아가는 공동체를 꿈꾸며 그 꿈을 일구어 가고 있다. 시골교회의 전경을 보니 한옥의 모습이 주위 전경과 어우러져 아름답기 그지없다. 장애인, 독거노인 등과 같은 사회적 약자들과 함께하는 꿈이 있기에 더욱 아름다운 곳이다. 누구라도 그리는 치유와 회복과 자유의 생명 경험이 그곳에서 이루어지기를 소망한다.

6.

오봉교회에는 새의 신학이 있다. 새를 통하여 말씀을 다시 읽고 하늘의 흐름으로 목회여정을 꾸리는 장석근 목사님이 목회하는 곳이다. 새(BIRD, NEW)로 보는 목회이야기 속에 장석근 목사님은 목회체험에서 새로운 신학을 이끌어 내고 있다. "공중 나는 새를 보라"는 말씀 가운데 신앙과 삶의 정수를 뽑아 날실, 씨실 엮듯 신학의 판을 멋지게 짜주고 있다. 새들의 가벼운 옷, 스스로 찾아 먹는 먹이, 자녀에게 안전하지만 아이들이 모두 자라고 나서는 집착하지 않을 수 있는 집 이야기는 오늘날 우리 현대인들이 가지고 있는 소비와 집에 대한 집착과 그로 인한 파편화된 인간성과 양극화된 우리 사회를 그대로 직시하게 한다.

오봉교회의 교회조직은 위원회마다 개성과 멋이 있다. 맑은 자리 위원회, 들꽃 위원회, 늘 노래해 위원회는 이름만 들어도 밝고 유쾌하다. 서로를 위한 기도가 침묵으로 온 공간을 채우고 안아주는 인사로 따스한 마음이 전해지는 창조의 은총과 만남의 따스함이 가득가득 묻어난다. 일주일 동안 들판을 다니다 만난 어여쁜 들꽃으로 강단을 장식하고 기도를 외울 만큼 미리 준비하여 하나님께 올리는 정성스러운 공동체, 하나님은 아침이면 악한 사람이나 선한 사람이나 똑같이 온 세상을 환하게 여신다는 것을 믿고 창조주 하나님께 응답하며 사는 공동체는 읽기만 하여도 따스한 결과 생명의 맑은 숨이 느껴진다.

"하늘 나는 새를 보라"(마태복음 6:26). 새의 모습에서 발견하는 목회의 방향이 돌고 돌아 교회 갱신과 변화를 위한 가르침이 되길 바란다. 장석근 목사님의 신학, 철학, 교육학, 생태학이 섭렵된 새의 신학에서 다시금 하나님이 우리에게 주신 자연의 지혜를 배우고 목회의 멋과 예를 한껏 맛보게 된다.

7.

민족의 역사와 더불어 감리교 역사의 숨결을 담은 대표적인 교회가 장흥교회이다. 우리나라 동과 서, 남과 북의 중심인 철원의 장흥교회는 100년의 역사가 넘는 시간 속에서 민족의 역사와 더불어 감리교의 역사와 함께했다. 믿음의 선배들의 발자취가 남아 있는 그곳에서 방문자들에게 이 땅의 그리스도로 살아가는 신앙의 열매의 역사와 발자취를 알려주는 살아있는 교회의 역할을 하고 있다. 학생들과 철원

지역 순례를 두 번 한 적 있다. 통일과 민족의 역사라는 주제를 두고 순례를 했을 때는 영하 19도의 살바람이 매서운 겨울이었고, 3개 신학대학의 학생들과 함께 국토 순례를 떠났을 때는 태양이 작열하는 여름이었다. 철원을 발로 꾹꾹 밟으며 신앙의 유산들과 전쟁과 아픔들의 유산들을 보면서 철원은 민족의 통일과 평화를 배우고 함께 기도하는 신앙의 고장임을 보게 되었다.

장흥교회는 신앙과 역사의 유적을 남기기 위해 순교자 서기훈 목사 안내판을 설치하고 창고벽에는 미술 작품을 설치했다. 또한 마을과 함께하는 교회이기에 교회 100주년 기념일 때 철원 초·중·고 학생에게 장학금을 주고 마을의 가정마다 선물을 한다. 마을의 역사를 함께 만들어가는 것은 교회의 중요한 역할이고, 마을과 함께 할 수 있는 중요한 목회사역이다. 『상록수』의 최용신 기념관이 있어 마을 주민들이 최용신의 정신을 기념하고 후손들에게 함께 가르친다. 마을 사람들이 서로가 선생이 되어 마을의 역사를 새롭게 기억하고 전승하는 역할을 하는 것을 최용신 기념학술 세미나에 참석하여 본 적이 있다. 철원의 장흥교회도 이러한 역사의 기록자이며 전승자로서 마을과 함께 하는 교회의 역할을 하고 있는 것이다. 교회와 마을의 역사를 아우르는 순례객의 안내자 역할이 한찬희 목사님의 목회를 통하여 이루어지고 있는 것이다.

8.

정선 사북교회는 모든 것을 잃은 자들의 가족이다. 그리고 어린

이들의 친구이다. 김대경 목사님은 카지노로 모든 것을 잃은 사람들에게 엄마가 차려주는 밥상과 같이 따스한 밥상으로 대접한다. 마음의 상실과 분노와 미움을 가득 안고 살아가는 사람들에게 예수님이 그러하신 것처럼 따뜻한 한 끼의 식사를 대접하는 것이다. 이유는 주님이 우리에게 그리하셨기 때문이다. 몸을 깨끗이 닦으라고 지역 사우나 표도 구입해 준다. 코로나 상황에서도 도시락으로 준비하여 그 일을 이어나간다. 인생의 과오를 모르고 허탈감과 좌절과 일확천금을 바라고 있는 이들이요, 그래서 다른 사람들의 비난을 받는 사람이지만 그들을 영원한 회개로 이끌기 위하여 참고 인내하고 수고하며 따뜻한 밥상을 차린다. 아무 이야기 하지 않아도 밥상은 가장 훌륭한 설교이고 환대이다. 밑 빠진 독에 물을 붓는 일이지만 이 일이 한 사람의 생명을 살릴 수 있는 일이기에 기꺼이 자처한다.

정선 사복교회는 마을의 다음 세대를 위한 교육에 힘쓴다. 김대경 목사님은 유도 유단자이다. 마을 아이들에게 유도를 가르치면서 교회학교에 아이들이 나오고 아동과 함께 중고등부가 전도되는 일이 생기게 되고 교회가 정선의 유도 메카가 된다. 지역과 협력하여 지역의 청소년장학센터 안에서 유도관을 만들어 아이들을 가르치며 유도와 신앙이 접목되면서 잠깐 운동만 배우는 것이 아니라 지속적으로 신앙이 이어지는 것을 경험하기도 한다. 교회와 마을이 협력하여 다음 세대를 지도하고 교회가 마을과 소통하는 모습을 발견하게 된다.

영국의 산업혁명 당시 거리로 내몰린 아이들을 위해 '로버트 레이크스'와 '킹여사'가 아이들을 데려다가 목욕을 시키고 음식을 먹이고 노래를 가르치면서 주일학교가 시작되고 전국으로, 세계로 확산

된 것이 연상된다. 거리로 내몰린 자들을 위해 음식과 따뜻한 목욕을 제공하는 손길은 그들에게 새로운 출발의 디딤돌이 될 것이다. 마을의 어린이들에게 유도를 가르치는 것은 하나님 나라를 가르치는 것이다. '호레스 부쉬넬'이 놀이를 통해 하나님 나라를 가르치라 한 것처럼 유도 또한 놀이처럼 하나님 나라를 경험하는 중요한 과정이 될 수 있다. 유도를 통해 규칙을 배우고 협력을 배우고 정정당당하게 승리하는 법을 배우고 패해도 다시 도전하는 것을 배우는 것이다. 그 과정 속에서 공동체를 배우고 자신을 세워가는 법을 배운다. 그렇게 자연스럽게 하나님나라의 가치를 배우면서 그들은 신앙의 가치도 알아 갈 것이다.

9.

동해 초록교회는 꽃밭을 이루는 교회이다. 모두의 사랑방이 되기를 꿈꾸며 하나님 나라를 지향하는 교회공동체를 고민하는 교회이다. 하수광 목사님은 웃음소리가 끊이지 않는 교회가 되기를 기도한다. 꽃한송이 피어 풀밭이 달라지지 않지만 각기 다른 빛깔의 꽃이 피어 온통 꽃밭이 되는 것, 하나님 나라는 겨자씨와 누룩과도 같아 작은 것에서 시작하지만 결국 많은 사람들이 깃들 수 있는 곳이 되는 것이다.

초록교회는 하나님 나라를 지향하는 목회와 교회 공동체를 꽃밭의 이치에서 찾는다. 하나의 색으로 통일되지 않지만 각각의 빛과 향으로 영락없이 아름다운 공동체를 이루는 것이 꽃밭이다. 그리고 그 꽃들은 사랑으로 자란다. 그래서 목회자도 성도들과 함께 자란다. 서로의 담을 허물고 서로에게 기대고 얼싸안고 자란다. 그래서 목회자는 성도들에게 자신의 집으로 초대하여 음식을 대접하고 성도들이 일하는 곳엔 목사도 함께 한다. 그렇게 섬김과 친밀한 관계를 통해서 교회를 세워간다.

그리고 마을과 소통하는 목회의 일환으로 도서관 사역을 위한 준비를 통해 초록도서관을 열고 지역사회와 젊은 부모를 위한 체험놀이 등의 프로그램을 진행한다. 이러한 일에서 중요한 것은 지속성이다. 처음에는 모이기 어렵지만 지속성을 가지고 한 결과 초록도서관 프로그램은 마을에서 서로 깊은 대화를 나누는 모임이 된다. 진정성을 가지고 지속하는 일에 사람들의 마음은 열리기 마련이다. 어떠한 씨앗을 심어도 시간 없이 자라는 것은 없다.

"어떤 사람이 겨자씨를 가져다가 정원에 심었더니 자라서 나무가 되어 공중의 새들이 그 가지에 깃들었다"는 말씀을 고백하며, 겨자씨와 누룩과 같은 존재로 지역사회에 있기를 원하는 초록교회는 그들의 사역이 교회 성장의 도구가 되지 않고 하나님을 영화롭게 하는 일들이 되길 바란다. 초대교회가 그들의 신앙을 지탱해가는 큰 힘 중 하나는 바로 코이노니아였다. 말씀에 대한 확신과 공동체의 친교가 어떠한 핍박과 어려움이 와도 그들의 신앙을 여며갈 수 있는 힘이 되었던 것이다. 심리학자 '셰리 터클'은 '외로워지는 사람들'로 하이테크노롤지 현상을 설명한다. 24시간 접속의 시대를 살아가지만 더욱 더 외로워지는 사람들. 그들은 진정성 있는 관계를 원하고 두려움 없는 만남을 갈망한다. 이러한 시대 초록교회의 꽃밭 목회는 더욱 더 중요한 그들이 안식처가 될 것이다. 그들의 삶속에 초록빛 가득한 생명과 영성으로 다가갈 것이다.

10.

춘천 연리지교회는 더불어 함께 지역의 숲을 만들어 가는 교회이다. 박용한 목사님은 목회를 혼자 하지 아니하고, 지역의 다섯 교회가 함께 꿈을 꾸고 마음을 모아 "춘천 더불어 숲"을 통해 하나님 나라 이야기를 써가고 있다. 같은 꿈을 꾸는 5인의 목사가 함께 모여 사회적 책임과 사회적 이슈에 대한 기독교적 응답을 찾는다. 교회의 영역을 넘어 사회로, 개인의 영성을 넘어 사회적 책임으로, 남성문화를 넘어 여성과 동등함을 추구하며 건강한 기독교 생태계를 꿈꾸는 사람들의 모임을 만들었다. 그리고 그 모임은 숲이 되었다. 목회자의 숲, 활동가의 숲, 여성의 숲으로 연합하여 건강하게 푸르른 숲을 추구한다. 작지만 강한 교회네트워크를 구성하여 실질적인 주제와 강연 등으로 지식생태계를 견고히 한다. 일 년에 두 번 '연합말씀사경회'를 진행하며 실질적인 주제를 말씀 속에서 답을 찾고자 하였다.

더불어 숲은 플랫폼의 역할을 하며 성서유니온, 강릉 아카데미, 동행, 아나뱁티스트, 아름다운 가게 등 다양한 단체들과 네트워크를 통해 목회자의 정체성을 견고히 하기도 한다. 더불어 숲 활동은 '춘천 더불어 숲'을 플랫폼으로 팬데믹 상황 속 작은 교회 새 모델을 추구하고 삶의 문제와 시대적 부름에 맞는 사역개발, 다른 지역에서도 '춘천 더불어 숲" 모임과 같은 세상 속 하나님 나라를 추구해가고 있다.

작은 교회가 연합하면 하나님 나라 운동을 드러낼 수 있다는 자신감과 확신을 보여주고 있다. 그리하여 이러한 연대가 확산될 수 있도록 네트워크와 운동성을 공유하기를 추구한다. 무엇보다도 박용한 목사님은 탈종교, 탈교회가 가속화되는 현실 속에서 젊은 목회자들과 연대를 통해 정체성 확립과 목회의 기쁨을 함께 나누기를 소망한다. 모두가 어렵다고 하는 때에 함께 손을 잡으며 기쁨 가운데 하나님 나라를 세워 갈 수 있다는 새로운 희망의 좌표를 보여주니 참 고마운 모임이다.

11.

춘천 사북교회는 예배하고 기억하고 삶을 적어가는 신앙을 추구한다. 무엇보다 부활신앙을 지닌 그리스도인들이 하나님 나라를 살아온 삶의 결실을 교회의 역사요, 성장이라고 고백하며, 예배에서 희생과 헌신, 겸손과 섬김, 가르침과 봉사와 나눔을 배우고 익히고 결단하고 실천하고자 하는 공동체이다. 예배에서 창조질서의 자유로움과 생동감이 넘치는 행복에 겨워하며 주님 나라의 삶의 방식을 따르려 힘쓰는 신앙공동체이다. 속회모임을 통해 드려진 헌금은 화해와 평화, 환경과 농민단체, 시민언론, 자선봉사 단체 등에 보내어 교회가 손이 미치지 않는 곳에서 꼭 필요한 일을 감당하는 이들과 동행하고 연대하고자 한다. 전례를 중심으로 행복하게 사는 신앙인들의 교회이며, 마을과 함께 마을을 위하는 마을교회이고, 얼굴에 땀 흘리며 바르게 농사짓고, 양심으로 사는 일꾼들의 교회이고, 예수의 양심을 배우고 따르며 다음 세대의 영적 성장을 위하는 교회이다.

사북교회 한울빛 목사님은 목사의 일과 농부의 일을 감당하며 이것은 둘이 아니라 하나라고 고백한다. 성전과 일터가 또한 그러하다. 예수가 그리하셨듯이 마을에 녹아들어 함께 삶을 나누고 인생을 일구어간다. 그리하여 힘쓰고 일하는 가치를 알게 하고, 마을이 친환경 생명농사에 뛰어들게 하고, 생의 바탕에 농사를 두되 바르게 농사를 짓는 일을 추구해 왔다. 그리하여 농사를 통하여 기본 소득을 마련하고, 건강한 먹을거리를 생산하고 나누며, 기후변화와 식량위기의 시대에도 희망할 수 있는 농사를 짓고자 한다. 농촌의 목사는 농의 삶을 고귀하게 여기며 보람찬 하늘의 일로 재발견하게 하는 것이 바로 교회의 몫이라 생각한다.

그리하여 농촌은 하늘의 이야기꽃이 활짝 피어올라야 할 천국이라고 이야기한다. 이를 위하여 생명농사를 지으며 마을공동체 삶과 문화를 이어가고 있다. 화평·통일·정의·환대·환경을 위해 힘쓰는 교회를 추구한다. 그 어느 하나도 놓치고 싶지 않은 목회이야기이다.

다행히도 한울빛 목사님은 마을과 사회에서 성숙한 모습으로 살아간 그리스도인들의 역사를 기록하고 이야기로 남기며 계승하고 승화시키는 일에 큰 의미를 두고 있다. 반가운 일이다. 이것이 곧 성령의 역사에 대한 기록이고 증거가 될 것이며 동시에 마을의 역사이고 사람들의 이야기가 될 것이다. 그리고 건강한 교회, 바른 그리스도인의 삶이 무엇인가를 질문할 때 나침반이 되어줄 것이다.

농촌과 어촌, 광산촌의 11개 교회 이야기를 들으며 그곳에서 땀흘리는, 노동하는 예수의 모습을 발견하였다. 그동안 마을목회와 선교하는 교회를 주제로 현장의 이야기를 듣는 일을 나름 고민하고 열심히 하고자 하였다. 다양한 현장 교회들을 발견할 때마다 하나님나라가 겨자씨와 같이 자라고 있다는 것을 목격하는 기쁨이 있었다. 그러한 소식은 변방에서부터 들려왔다. 변방의 숨은 고수들이 우리 하나님 나라의 일꾼으로 땀 흘리고 있었고 그 곳에서 하나님나라가 움직이고 있었다. 이러한 목회이야기는 신학과 목회 현장에 새로운 희망의 노래가 된다.

창조와 생명, 생태와 영성, 제자직과 시민직, 거룩성과 일상성의 통전적 실천이 바로 이곳에서 일어나고 있음을 보았다. 현장으로 당장 달려가고 싶은 마음이다. 어느 날, 두루 다니며 마을 곳곳에 피어나고 있는 복음의 꽃들과 생명의 열매들을 만날 날을 기대한다.

신학교육과 교회개혁의 답을 교회들이 들려준 진정성 있는 목회의 이야기들 속에서 찾을 수 있었다. 신학과 목회 현장의 상호적 소통과 연대가 활성화 되어야 하며, 오늘날 우리 사회가 직면하고 있는 생명/ 생태/ 기후위기/ 양극화/ 지역소멸/ 저출산과 같은 다양한 문제들을 목회와 신학적 차원에서 함께 해결책을 찾아가는 기회가 되어야 할 것이다. 그 누구보다 먼저 갈릴리로 가서 제자들을 맞이해 주셨던 예수님의 그림자를 이곳에서 만났다. 우리가 가야 할 그 갈릴리 그 길목에서.